中國學術思想

研究輯刊

二十編

林慶彰 主編

第21冊

大學思想
——荀學進路的詮釋

劉又銘 著

花木蘭文化出版社

國家圖書館出版品預行編目資料

大學思想——荀學進路的詮釋／劉又銘 著 -- 初版 -- 新北市：
花木蘭文化出版社，2015〔民 104〕
序 4+ 目 2+158 面；19×26 公分
（中國學術思想研究輯刊 二十編：第 21 冊）
ISBN 978-986-404-010-0（精裝）
1. 禮記 2. 四書 3. 大學 4. 荀子 5. 大學為荀學説
030.8   103026881

ISBN-978-986-404-010-0

9 789864 040100

中國學術思想研究輯刊
二十編　第二一冊　　　　　　　　ISBN：978-986-404-010-0

大學思想
——荀學進路的詮釋

作　　者　劉又銘
主　　編　林慶彰
總 編 輯　杜潔祥
副總編輯　楊嘉樂
編　　輯　許郁翎
出　　版　花木蘭文化出版社
社　　長　高小娟
聯絡地址　235 新北市中和區中安街七二號十三樓
　　　　　電話：02-2923-1455／傳眞：02-2923-1452
網　　址　http://www.huamulan.tw 信箱 hml810518@gmail.com
印　　刷　普羅文化出版廣告事業
封面設計　劉開工作室
初　　版　2015 年 3 月
定　　價　二十編 21 冊（精裝）台幣 38,000 元

大學思想
——荀學進路的詮釋

劉又銘　著

作者簡介

劉又銘（1955～），台灣嘉義人，政治大學中國文學系博士（1992），現任政大中文系教授。年輕時接觸過基督教、佛教、心理分析，最後選擇了儒家，並且從孟學（孔孟之學）立場逐漸轉向荀學（孔荀之學）立場。晚近開始嘗試建構「當代新荀學」，提倡「當代新儒家荀學派」。著有《馬浮研究》（碩士論文）、《大學思想證論》（博士論文，即本書底本、初稿）、《理在氣中——羅欽順王廷相顧炎武戴震氣本論研究》以及〈荀子的哲學典範及其在後代的變遷轉移〉、〈大學思想的歷史變遷〉、〈中庸思想——荀學進路的詮釋〉、〈明清自然氣本論的哲學典範〉、〈儒家哲學的重建——當代新荀學的進路〉……等論文。

提　要

　　宋明以來，儒者普遍尊孟抑荀，以孟學或泛孟學思維解讀〈大學〉。本書（根據我 1992 年的博士論文《大學思想證論》修訂而成）則依循馮友蘭「大學為荀學說」，徹底重讀〈大學〉，還原其思想原貌，全面論證其荀學性格。第一、二章討論〈大學〉的原本、撰著時代、訓詁疑義，重新衡定其文意脈絡和思想理路。第三章介紹馮友蘭的「大學為荀學說」及其所引發的爭議，並論證此觀點的有效性。第四章起正式探究〈大學〉思想。就致知論來說，「知止」以及定靜安之後的「慮」即是「格物」，而「格物致知」的所得即是「知本」。就修養論來說，主要是依著「格物致知」的所得也就是「知本」來誠心誠意地實踐；以此為基本工夫來正心、修身便能修成「明德」。就政治論來說，從齊家、治國到平天下，施政有三個基本理念那就是「明明德（顯明自己美好的德行作為人民的榜樣）」、「新民」以及「止於至善（讓家、國、天下達到至善的地步）」，又有「絜矩（執持一個特定的方法）之道」等五項具體原則。本書發現，〈大學〉的致知論、修養論、政治論，在內容上、措辭上多半具有荀學色彩荀學性格，小部份屬儒家通義的觀點也多半跟《荀子》一書有具體的關聯呼應，惟獨沒有單單符合孟子思想而悖於荀子思想的部分。因此，雖然〈大學〉沒有直接提及「性惡」，它卻是荀學性格十足的作品，馮友蘭的「大學為荀學說」確定可以成立！

自　序

　　本書以我 1992 年的博士論文《大學思想證論》爲底本修訂而成。基本上是原書的視野、精神與學術氛圍，但架構、內容與關鍵用語稍有更動（必要時以「2015 補記」說明之），文句也多半修訂過。書名改爲「大學思想——荀學進路的詮釋」，正好跟我晚近新寫的〈中庸思想：荀學進路的詮釋〉（《國學學刊》2012 年第 3 期）一文相互呼應。

　　1992 年這篇博論可以算是我第一部荀學專著，它的到來一部份是偶然的因素。

　　大約 1987、1988 年間吧，我開始在政大中文系講授「學庸」；同時準備在碩士論文《馬浮研究》的基礎上，以「馬浮的學術思想」爲題撰寫博士論文。這個時候，我的孟學時期持續著，正要向前推進。

　　不過，事情有了變化。當講授「學庸」的時候，我發現朱子《大學章句》的詮釋在某些地方跟〈大學〉原文形成扞格。困惑中，我讀到馮友蘭的〈大學爲荀學說〉，深受鼓舞，覺得這個說法是恰當理解〈大學〉原文的一把鑰匙；於是改變計畫，把博論題目換成「大學思想證論」。

　　在改題目的過程中，我請教過一位老師。他什麼話也沒說，只是笑呵呵地擺擺手，表示不贊成。還好我的指導教授李威熊先生始終支持這個題目，給我最大的空間撰寫。

　　便是這個新題目讓我某個程度從宋明理學轉入先秦儒學，又某個程度從孟學轉向荀學。爲了確認〈大學〉的荀學性格，我把孟子、荀子的思想做了一個整體的對比考察，這對我後來研究荀學大有幫助。不過，撰寫的過程並不順利。原來，要幫〈大學〉斷開孟學的魂結並沒有想像中那麼容易。好幾

次我遇到瓶頸走不下去，都以為必須整個放棄掉另外找題目了，真是緊張。

論文口試時，有位口試委員嚴肅地問我說：「如果你的論證成立，〈大學〉的價值不就毀於一旦了嗎？你為什麼要寫這篇論文呢？它有意義嗎？」這個問題我毫無心理準備，匆促間我只回答說：「我的確沒想到這個問題，我只是想要探尋一個學術的真相……」

口試後不久，又有人不以為然地跟我說：「《大學》一開頭的『明明德』就表明了它是孟學……」，又說：「打個比方吧，孟子是純金的菩薩，而荀子只是鍍金的……」

這些質疑，充分反映了當代尊孟抑荀的狹隘風習。而當年的我也多少被裹在這個風習裏頭，無法為荀學提出有效的辯護（「明明德」的問題除外），甚至還持續講授著「宋明理學」而樂在其中。

過了不久，由於系裡的需要，我改開「近三百年學術史」，接觸到大陸學界新開拓關於「氣本論」的研究成果。沒想到，面對這個台灣儒學圈所排斥所貶抑（認定它是唯物論）的學術區塊，我再度被吸引了。我熟讀《陳確集》，翻遍《日知錄》，最後選擇了我一度稱作「本色派氣本論」現在稱作「自然氣本論」的論題，寫成《理在氣中——羅欽順王廷相顧炎武戴震氣本論研究》。

明清自然氣本論的哲學典範讓我領悟到，荀子哲學有個隱密的解讀方式，恰恰是這個隱密版的荀子哲學，跟明清自然氣本論可以連成一氣。於是我在 2001 年發表〈從「蘊謂」論荀子哲學潛在的性善觀〉一文，借用傅偉勳「蘊謂」的概念指出，在荀子哲學的「性惡論」論述底下，其實蘊涵著一個「弱性善觀」（相較之下，孟學屬「強性善觀」），它無形地、潛在地影響著後代，發展為一個不被清晰意識到、認識到的荀學傳統。

2005 年，我在〈合中有分——荀子、董仲舒天人關係論新詮〉一文（2007年刊出）中指出，（1）所謂天人關係基本上指「存在關係」。（2）儒家天人關係論基本上都是「天人合一」的型態，其中又分「天、人合一（專就天與人兩端的純精神形上實體的同一來說的合一）」和「天、人合中有分（就天、人兩端整體存在上的連續一貫與同中有異來說的合一）」兩類。（3）一般認為荀子主張「天人相分」而董仲舒主張「天人合一」，其實兩人的哲學都是「天人合中有分」的型態。（4）這樣的分判，更能符合一般所謂「中國哲學以天人合一為主調」的觀點。

2006 年，我在〈荀子的哲學典範及其在後代的變遷轉移〉一文中指出，

若兼顧荀子哲學的意謂、蘊謂兩層來做創造的詮釋，那麼荀子的哲學典範便是一個全新的面貌：基於自然元氣的本體宇宙觀、「合中有分」的天人關係論、性惡論話語中所蘊涵著的「人性向善論」、學知禮義的致知論、「化性起僞」話語底下所蘊涵著的「積善成性」的修養工夫論、以禮義治國的政治觀等等。以這樣的哲學典範（我後來把它稱作「荀子哲學的普遍形式」）為基準，我們便可以把歷史上許多失聯的荀學論述整個串聯起來；例如〈大學〉原來是荀學，董仲舒天人感應說的基底仍是荀學，裴頠的〈崇有論〉是在魏晉玄學氛圍下初步建構本體論的荀學，韓愈和戴震則是「孟皮荀骨」的荀學等等。

就這樣，我開始提議「荀學哲學史」的研究，提議「當代新荀學」的建構和「當代新儒家荀學派」的成立，一直到現在。

現在，面對當年那些質問，我知道怎麼回答了。我會說，把〈大學〉思想原貌找出來，論證它是荀學，這樣做，並不會讓〈大學〉的價值毀於一旦，反而會讓〈大學〉的價值與光彩更加擴大。我會說，純金菩薩、鍍金菩薩的譬喻，跟孟子、荀子兩人的思想並不相干。我會說，我當年寫這篇博論當然是有意義的。

最後要說的是，雖然郭店楚簡的出土帶來許多新材料，但是看來本書的基本觀點並沒有受到影響；所以，既然它在探求真相之外又多了一重意義（荀學自身的意義），那麼就它正式露臉吧！

目次

前　言

　　在宋代以來的儒學研究裡，《禮記‧大學》始終是一個關注的焦點，同時也一再地成為爭議的中心。大致說來，宋明儒的詮釋多與詮釋者個人的義理體證和工夫取徑關係密切，「以作為述」的成分很大；朱子和王陽明便是其中最具影響力的兩個代表人物。清儒面對朱、王兩大詮釋典範相持不下的僵局，轉而著重客觀的訓詁考據，頗做了一些澄清和還原的工作。而當代學者站在前人的基礎上，多能兼顧訓詁與義理兩端，又能以思想史的角度交相勘驗，一時也有相當的創獲。

　　「以作為述」的經典詮釋，實質上是後代詮釋者基於一己的感受、認知與需要，藉由經典中具有時代活性的主題，所發揮並完成的意義建構；其創造、推進的成績和貢獻都是值得肯定的（尤其宋明儒對〈大學〉的詮釋更是如此）。不過，這樣一來，經典的文字層面和它的意義層面（詮釋義）之間，便形成模糊的、不確定的關係；而經典的意義（詮釋義）和它原先時代情境之間的相互呼應，也就得不到恰當的理解了。不僅如此，由於在這種風氣底下，學者們對自己「以作為述」的事實往往缺乏自覺，於是人人各「作」一套新義，異路殊途，彼此爭論，相持不下。這種情況對〈大學〉而言尤其明顯。明代萬曆年間就已經有人說過：「《大學》一書，漢儒存而不論，宋儒論而不辯；自明興以來，辯論紛紛，有如聚訟。」〔註1〕到了明末，劉宗周更說：

〔註2〕

〔註 1〕這是唐士元在〈大學古今本通考後序〉中引述他老師劉斯原的話。見劉斯原：
　　　　《大學古今本通考》，中國子學名著集成編印基金會影印明萬曆間刊本。又，
　　　　〈大學〉原來是單篇文字，宋明以後被看作一部書。本書則關注它原本作為
　　　　單篇文字時的思想，基本上認定它是單篇文字，因此將它標作「〈大學〉」。但
　　　　是當引述諸家言論時，便依其各自觀點而標為「〈大學〉」或「《大學》」。
〔註 2〕劉宗周：《劉子全書》（台北：華文書局，1969），卷36，頁3298。

> 《大學》之為疑案也久矣。「古本」、「石本」皆疑案也;「程本」、「朱
> 本」、「高本」皆疑案也;而其為「格致」之完與缺,疏「格致」之
> 紛然異同,種種皆疑案也。嗚呼!斯道何繇而明乎?宗周讀書至晚
> 年,終不能釋然於《大學》也⋯⋯

人人各「作」新義,相互辯論,有如聚訟,形同疑案,其結果反而是「斯道難明」了。

由此看來,清儒在宋明儒深刻而豐盛的義理詮釋成果之外,所積極地為經典尋找本義的各種嘗試和努力,其中自有其重要的意義和價值,這點是不容否定,也不會因為詮釋的結果是否更深刻、更圓融而有所改變的。值得驚訝與值得注意的是,在經過有清一代全面探尋經典原義的運動之後,當代學者對〈大學〉思想的本義居然還是沒有定論;而一般學者研讀〈大學〉,也多半仍舊依循著朱子、王陽明或兩者折衷的路線(當然,這樣的讀法仍有其價值存在),而不知道那只是宋明儒的新說新義,也不知道這種讀法可能導致思想史圖像的含混模糊。由此可見,在〈大學〉一文中,的確存在著幽隱深藏、撲朔迷離的難題,不是「訓詁明」之後便可以驟然地「義理明」的。

雖然前人對〈大學〉本義究竟為何一直沒有定論,不過在眾說紛紜中也並非沒有值得注意的創新的觀點。宋代以來,不管有沒有明白說出,一般都將〈大學〉看作孔孟一系的思想;一直到民國十九年(1930),馮友蘭終於撰文主張「大學為荀學」〔註3〕,這就為〈大學〉思想帶來一個全新的理解角度和充滿創意的詮釋空間。雖然,馮氏這個觀點,多年來備受質疑批評(詳見本書 3.2 節),已經接近被忽略被揚棄的程度;然而,根據本書重新探究的結果,這個看似大膽翻案的觀點,的確是解決〈大學〉那幽隱深藏、撲朔迷離的難題的根本線索。筆者認為,學者們如果能徹底擺脫傳統舊說的影響,改從荀學的角度來分析、詮釋〈大學〉一文,便可發現,〈大學〉的語言表達與思想內容,原來自有其明白確定的脈絡可循;而宋元以來異說林立的僵局,原來只是因為錯認了〈大學〉的思想性格反其道而行的結果。

本書的主要目的,基本地說,是要在清代以來經典意義還原運動的基礎

〔註 3〕 見馮友蘭:〈大學為荀學說〉,《燕京學報》7,1930 年 6 月;收入《古史辨》
第四冊。此文內容與文句大體同於馮氏《中國哲學史》第一篇(據馮氏《三
松堂自序》頁 231,本篇完稿於 1929 年,出版於 1931 年)第十四章「大學」
一條,但若干處引文和解說稍詳。

上，就著〈大學〉的原本，就著〈大學〉撰著時代的思想背景和語境，徹底地、返本還原地重讀〈大學〉，藉以尋求〈大學〉思想的原貌（但不是要用這個原貌來否定或取代後人創造性的新詮釋）。進一步地或積極地、具體地說，則是要全面地拿荀子思想來參照、印證，藉以充分證成、闡明馮友蘭「大學為荀學」的論點。

　　在本書中，問題處理的重點和處理的幅度，以及對歷代各家說解的參考取捨，都以上述目標為衡量基準。也就是說，如果對〈大學〉本義的理解、揭露和發現沒有幫助，也沒有對比、澄清、參照的意義，那麼即使是再深刻再精彩的論點（所謂「後儒的創造的詮釋」），我也不見得會提出來討論。相反地，只要某家學說的局部觀點有觸及〈大學〉本義的可能，或可以幫助我們釐清〈大學〉原意，那麼即使他的其他理路其他觀點與本書相牴觸，我也會予以消化並選擇性地吸收進來。

　　全書從第四章起才正式討論〈大學〉的思想。在這之前，為了徹底地重讀〈大學〉，我先在第一、二章討論〈大學〉的原本、撰著時代、訓詁疑義、文意脈絡以及思想理路等；因為這些外圍問題或基本問題的釐清、衡定，對於正確理解〈大學〉的思想是極其重要也極其必要的前提。然後，我在第三章介紹馮友蘭的「大學為荀學說」以及它所引發的爭議，並初步說明本書所以贊成和採用馮友蘭這個全新的觀點的理由。應該說，第一、二章是重讀〈大學〉思想的必要基礎，比較是文獻處理的層面，側重文義脈絡的辨認、釐清；第三章則是重讀〈大學〉思想的關鍵鑰匙，正式進入思想層面，側重詮釋典範的比較和抉擇。

　　接下來，第四章討論〈大學〉的致知論。預備好一個「知止」的心態來「格物」？而「知本」就是「知至」？是的，這是緊貼著〈大學〉本文所讀出來的跟傳統或一般觀點很不一樣的解釋。從中可以具體看到，這是荀學的性格。

　　第五章討論修養論。首先，「誠意」是依著「致知」的結果也就是「知本」來誠心誠意地實踐，這是修養的基本工夫。然後，以「誠意」這個基本工夫來正心、修身，其結果便是修成了「明德」；這樣的「明德」便是將來施政時進行「明明德（顯明自己美好的德行作為人民的榜樣）」的一個必要的前提。這樣的理解，也是跟傳統以及一般的理解大不相同的。從中也可以具體看到，這是荀學的性格。

　　第六章討論政治論。從「齊家」、「治國」到「平天下」，施政有三個基本理念那就是「明明德（顯明自己美好的德行作為人民的榜樣）」、「新民（教導人民，藉以更新人民的生命素質）」以及「止於至善（讓家、國、天下的秩序、風習達到至善的地步）」（這三項可不是什麼「八條目的綱領」）。此外，施政又大致有五項具體原則，如「絜矩（執持一個特定的方法）之道」等。關於上述的「明明德」等三項，以及「絜矩之道」等五項，我的解釋也多半跟傳統以及一般的解釋大不相同。從中一樣可以具體看到，這是荀學性格。

　　總之，我要肯定地說，由於掌握了「大學為荀學」這個關鍵因素與恰當角度，今天我們終於可以突破宋明儒舊說，徹底地還原回去，全新地、如實地理解和詮釋那原本屬於荀學脈絡的〈大學〉原本的思想了。

第一章 〈大學〉原本、撰著時代與訓詁疑義衡定

第一節 〈大學〉原本衡定

要研究〈大學〉思想的原貌，當然要根據〈大學〉的原本；這點其實大致是歷代學者的共識，只不過對於如何才是原本，不同時代或不同學者有不同的看法罷了。從漢代到宋初，都以《小戴禮記》裡的〈大學〉為原本，別無異議（應當說也沒有所謂原本不原本的問題）。但宋代二程兄弟認為《小戴禮記》裡〈大學〉的文句「先後失序」〔註1〕，於是各自做了修訂，並以他們修訂後的「改正本」來作為原本。〔註2〕此後歷經宋元明清以迄今日，不但朱子改本大大盛行，而且各種各樣不同的改本也一再推出，已經累積為一個極其龐大的改本家族了。〔註3〕必須注意的是，另一方面，明儒王陽明在朱子改本強大勢力的影響下，卻又極力主張回歸「古本」（即「小戴禮記本」，也可以稱為「禮記注疏本」、「注疏本」），認為此「古本」就已經是原本，並不需要改訂、改正。於是，在王陽明之後，肯定、尊用古本的也一直沒有斷絕，

〔註1〕 程頤說：「修身當學大學之序。大學，聖人之完書也，其間先後失序者，已正之矣。」見《二程集·伊川先生語十》，台北：里仁書局，1982，頁311。

〔註2〕 《二程集》的「河南程氏經說」卷五便錄有〈明道先生改正大學〉和〈伊川先生改正大學〉二文。

〔註3〕 見李紀祥：《兩宋以來大學改本之研究》（台北：學生書局，1988）。本書是迄今為止對〈大學〉的歷代改本最完整最深入的考察和研究。

形成了改本派之外一個重要的對立面，只不過它的影響力和聲勢遠遠不及改本派罷了。〔註4〕

民國以來，許多學者、教師、學生繼續闡釋、傳講、讀誦朱子改本，這是當代《大學》流傳、閱讀的基本面與普遍情況。並且，在這樣的基礎上，仍然有人再度提出新的改本來；例如廖平（1916）、嚴立三（1929）、蔣中正（1963 或稍早）、唐君毅（1966）、王大千（1974）、嚴靈峰（1984）、程兆熊（1986）、孫寶琛（1987）、程石泉（1987）、東方橋（2000）等（以上共十人）。〔註5〕

在上述風習的籠罩下，一般學者、學生們可說很少知曉和接觸到〈大學〉的古本。雖然有少數學者個別地撰文表彰、闡釋〈大學〉古本，如廖襲華（1916）、袁祖銘（1925）、魏元曠（1933）、易奉乾（1935）、劉紹寬（1935）、何容園（1943）、伍觀淇（1950）、高明（1963）、周畊莘（1967）、鄭曼青（1971）、趙澤厚（1972）、南懷瑾（1998）、霍雙印（2000）、陳慶衍（2001）等（以上共十四人）〔註6〕，不過都非常地孤立與分散，少有回響共鳴。整體來看，贊

〔註4〕有關的介紹見高明，〈大學辨〉，《禮學新探》（台北：學生書局，1978 三版），頁 108～120。這篇論文是當代對〈大學〉古本持肯定立場最具代表性的著作。

〔註5〕其有關著作如下【2015 補記：以下所列比 1992 年初稿稍有增補】：（1）廖平，《大學中庸演義》，《六藝館叢書》冊一。（2）嚴立三，《大學辨宗》（1929）、《禮記大學篇考釋》（1943）、《大學釋義》（1943，此為前一書的簡易本），三書都收入《嚴立三先生遺稿彙編》（台北：正中書局，1980），而第二書之第四部分「通釋全篇」又收入梁漱溟著編，《禮記大學篇伍嚴兩家解說》（巴蜀書社，1988）。（3）蔣中正，《大學之道》第四次訂正本（1963），收入《科學的學庸》（台北：黎明文化公司，1985）。（4）唐君毅，《中國哲學原論·導論篇》，台北：學生書局，1980 五版。（5）王大千，《大學正簡》，台北：台灣師範大學國文研究所碩士論文，1974。（6）嚴靈峰，《大學章句新編》，台北：帕米爾書店，1984。（7）程兆熊，《儒家思想──性情之教》，台北：明文書局，1986。（8）孫寶琛，〈大學章句新編正義〉，《中華文化復興月刊》20 卷 4 期，1987。（9）程石泉，〈大學改錯與新詮〉，《中國文化月刊》97，1987。（10）東方橋，《讀大學的方法學》，台北：玄同文化事業有限公司，2000。上述各改本中，除蔣中正、嚴立三、東方橋改本外，皆可參見李紀祥《兩宋以來大學改本之研究》第七章第一節及附錄。

〔註6〕其相關著作如下【2015 補記：以下所列比 1992 年初稿稍有增補】：（1）廖襲華，《古本大學分科解釋》9 卷，1916 活字印本。（2）袁祖銘，《古本大學講義錄》，1925 排印本。（3）魏元曠，《大學古本訓》，《魏氏全書》，1933。（4）易奉乾，〈大學古本易解〉，《船山學報》7、9，1935 年 2、9 月。（5）劉紹寬，〈古本大學說〉，《甌風雜誌》23、24 期合刊，1935 年 12 月。（6）何容園，〈古本大學第一講〉，《中國學報》1 卷 1 期，重慶，1943 年 1 月。（7）伍庸伯（字

成、關注以及閱讀古本的人在當代一樣是少數。可以說，以改本爲主的態勢似乎根深蒂固難以動搖了。〔註7〕

　　儘管如此，仍有足夠的理由可以相信：相對於各種改本來說，古本才是眞正的原本；而且就〈大學〉本義的研究來說，任何改本都不能取代古本的地位。底下便分別就這兩方面做一個說明。

一、〈大學〉古本便是原本

　　第一個理由是，〈大學〉古本本身其實已經完整可讀了。

　　雖然二程認爲古本有錯簡、衍文，朱子更認爲古本除了錯簡外還有闕文；但那應該是他們身受唐宋古文（實質上是「新古文」）的薰染之後，不自覺地以個人所認知所以爲的文章條理來解析與期盼古代經典的結果。事實上，儘管〈大學〉古本文意脈絡如何理解還是個見仁見智的問題（詳第二章），〈大學〉古本本身完整可讀這一點卻是可以肯定的。鄭玄和孔穎達二人就不認爲〈大學〉文句錯亂脫誤不可通讀；當代學者高明也說：〔註8〕

　　　　〈大學〉原本（原註：即注疏本、古本）本來就不須要改易，並非
　　　　「不改易即不可通者」。沈曙說得好：「今古本俱在，試一展卷把玩，
　　　　則文意如是，段落如是，儘好讀，儘可思也。」（原註：見《大學古
　　　　本說義》）毛先舒說得更爲透闢，他說：「余讀〈大學〉古文，而知

<hr>

觀淇）口述，梁漱溟編錄，〈禮記大學篇解說〉，收入梁漱溟著編，《禮記大學伍嚴兩家解說》，頁35～89。（8）高明，〈大學辨〉，《禮學新探》，頁97～132。（9）周畊莘，〈古本大學試釋〉，《人生》32卷7、11期，1967年12月、1968年3月。（10）鄭曼青，《學庸新解》，台北：台灣商務印書館，1987二版。（11）趙澤厚，《大學研究》，台北：台灣中華書局，1972。（12）南懷瑾，《原本大學微言》，台北：考古文化公司，1998。（13）霍雙印，《大學重華叢書（一）》，霍雙印中國文化研究發展基金會，2000。（14）陳慶衍，《大學探義》，台北：法蘭克福國際工作室，2001。

〔註7〕以上所述是一般學界的情況。此外，在民國以來的民間宗教界也出現了不少〈大學〉（以及〈中庸〉）的註本，它們或者藉扶鸞儀式著成，或者由民間宗教師自著，而大致上也是改本派較佔優勢。參見鍾雲鶯《民國以來民間教派大學中庸思想之研究》（台北：玄同文化事業公司，2001年3月）一書暨其〈救世新教大學證釋之大學改本研究〉（收入《龍華科技大學第一屆中國文學與文化全國學術研討會論文集》，2002年12月）、〈試論臺灣一貫道對大學的詮釋〉（收入《第三屆台灣儒學研究國際學術研討會論文集》，成功大學中文系編，2003年2月）二文。

〔註8〕高明：《禮學新探》，頁117～119。

元無闕文，無衍文，亦未嘗顛倒錯亂。三代上人文章，或顯或隱，或錯綜，或整次，不拘一方，所以為妙……」……我嘗取注疏本〈大學〉往復誦讀，潛心體味，深覺〈大學〉全文是完整的一篇，乃出一人之手，並無所謂「經」、「傳」之分；原文雖不明分章節，但亦自成六個段落……第二段以下，只是補充發揮第一段的理論，而不是第一段的「傳」，實在不需要三綱領、八條目一一地依次分章，加以解釋。

也或許，是因為看出〈大學〉思想內容在新時代裡的潛力，想將它提昇為儒家核心經典中的一「書」，作為一般士人的入門讀物，這麼強烈的目的性，讓朱子在面對〈大學〉古本時，不知不覺地責之切起來，老覺得它次序錯亂、條理不清，老覺得非要大刀闊斧改造一番不可吧！然而若擺脫這個目的性的干擾，平心體會，便會覺得它只不過是古樸渾然罷了，便會覺得它其實是完整可讀的（詳見第二章第二節）；如此一來，必須對它加以「改訂」、「改正」的根本理由其實是不存在的。

第二個理由是，迄今所有的改本都沒有文獻上的根據。

儘管如前面所述，古本的文句並非不可通讀；但若有文獻上的證據（如某個異本的片段，或他書引文）支持，據以推測、改動、補足，做成一個同樣完整可讀的改本，並嘗試證明此改本為原本，那麼理論上以這樣的改本作為原本其正當性仍是成立的。然而歷來所有的改本，都是根據改動者自己的詮釋意見所作成的，並無實質的文獻上的根據。明代嘉靖末葉，豐坊將自己的改本偽託為家藏的魏政和石經古本，一時頗為轟動、盛行，被學界尊為原本。可是當偽託的真相大白，其原本的地位也就失去了。〔註9〕當代嚴立三和王大千先後提出一個新概念的改本；他們都運用簡牘學的知識，證明自己每一處改動的字數與錯簡還原所牽涉的字數相符。乍看之下，這兩個改本似乎嚴密有據，令人嘆服。然而這個方法的精確度很難掌握，〔註10〕而且根據這個設想所做成的改本，也只能算是一個理論上「可能的、假設的原本」，仍然沒有真實、具體的文獻證據的支持。

總之，既然從文獻證據上看不出古本以外存在著其他異本的可能，而現

〔註 9〕見李紀祥：《兩宋以來大學改本之研究》第四章。

〔註10〕李紀祥針對王大千的改本有所評論，參見其《兩宋以來大學改本之研究》第七章。

存古本也沒有非改動就不可通讀的地方，我們實在沒有理由擱置古本以及在古本之外別求原本。

二、改本不能代替原本

歷代任何改本都不會是原本的理由已經說明如上。然而另外還有個似是而非的看法，認爲改本縱使不是原本，卻也不違背〈大學〉的意旨，並且還可以把〈大學〉原來不無含混的意旨表達得更清楚。這個看法可用王夫之論朱子改本的一段話來代表：〔註11〕

> 愚謂十傳之文，鱗次櫛比，意得而理順。即令古之爲傳者參差互發不必皆如此，而其命意則實有然者，得朱子爲之疏通而連貫之，作者之意實有待以益明。是前此未然而昉於朱子固無不可之有……

依此說法，則朱子的改本縱使不是原本，卻也是原本之外一個更好的代言者、替代品了。

然而事實並非如此。因爲，若非對〈大學〉原本的意義脈絡有如實準確的掌握的話，則即使只作文句上的移動重組，都有可能造成思想內容的質變（若再加以增刪那就更不在話下了）；而這正是朱子以及其他一切改本所同犯的毛病。譬如一切改本中都毫不懷疑地呈現三綱領、八條目的結構，將三綱領看作八條目的綱領，將八條目看作三綱領的條目；然而細讀原本，裏頭其實根本沒有那「作爲八條目的濃縮」的所謂「三綱領」（詳見第二章第一節）。

又如一切改本都是將原本中位於誠意一段論及「明明德」、「新民」、「止於至善」的三組文句移到格致傳之前，作爲所謂三綱領的傳文。然而在〈大學〉原本中，這三組文句的內容其實恰恰和「誠意」一目緊密相關，它們並非是獨立地解釋「明明德」、「新民」、「止於至善」三項的（詳見第二章第二節）。因此，將它們從誠意一段移開，等於放棄了可以理解「誠意」的一個重要線索。

只有明確區分原本與改本，去除改本所造成的先入爲主的成見，並一切以原本作爲思考的起點，我們才有可能與〈大學〉思想的原貌素面相見。事實上，也只有在這個基礎上，我們才有可能正面地評估、運用後代各個改本中所蘊含的新的思想意義——譬如朱子改本之後許多「格致傳改本」對「格

〔註11〕王夫之：《禮記章句》（台北：廣文書局，1967），卷42。又：當代學者類似的看法可見於若干《大學》註釋本中，這裡不一一列舉。

物致知」的詮釋意見等。也就是說,當回到古本之後,我們仍然可以繼續保留各個改本,也繼續肯定、珍視、並宏揚宋明儒藉由各改本所開創出來許多有價值的新說;那跟我們還原、追求〈大學〉本義的用意是不相衝突的。

三、關於「原本」、「古本」、「改本」等稱號的用法

　　《禮記》裡的〈大學〉一文(也可以說成「注疏本〈大學〉」),在朱子的《大學章句》裡被稱為「舊本」,這個稱號意味著它不無問題並且不適合今日所用(這當然透露了朱子對自己的改訂本的信心)。然後,最晚從王陽明力主回歸這個「舊本」的時候起,一直到今日,它又被稱為「古本」。比起先前的「舊本」,「古本」(而不是「原本」)這個稱號顯得比較正面,意味著在改本的龐大勢力(大到有時被稱為「定本」〔註12〕)之下,它還是有個起碼的意義和地位。

　　如今,基於本節前面所作的討論,我們就可以讓「古本」的稱號功成身退,直接將注疏本〈大學〉正名為「原本」了。如果說,昔日「古本」、「改本」並稱,意味著「古本」除了年代較「古」以外並無絕對優勢,而「改本」卻有可能是「改正」或「改定」的原本的話;那麼,今後「原本」、「改本」並提,就意味著「原本」是「被確認的原有的正本」;而「改本」便只是後代「改作」或「改造」的新本而已了。

　　若再進一步來看,則「古本」也好,「原本」也好,都是因應宋代以來「改本」的出現與挑戰而後有的稱號。今後,既然真相已經澄清,那麼不僅「古本」,就連「原本」的稱號都是多餘的(只有在特別強調的時候除外)。也就是說,直接用「〈大學〉」指稱「〈大學〉原本」,並且用「〈大學〉」與「〈大學〉改本」這一對稱號來代替「〈大學〉原本、古本」與「〈大學〉改本」,這應該是今後更自然也更方便的做法。本書將如此建議,也如此嘗試。本書書名直接訂為「大學思想──荀學進路的詮釋」,而不是累贅地訂為「大學原本思想──荀學進路的詮釋」,原因就在這裡。

〔註12〕明代劉斯原所編的《大學古今本通考》,一開頭就是「大學晦庵先生定本」,
　　　　其次才是「大學鄭康成古本」。

第二節 〈大學〉撰著時代衡定

　　〈大學〉一文，朱子以爲是曾子傳述孔子的話語（這部分朱子稱作「經一章」），然後加以闡釋（這部分由曾子門人寫定，朱子稱作「傳十章」），這兩部分合併所構成的。〔註13〕朱子據此將〈大學〉跟〈中庸〉（他認爲是子思根據孔子所傳之意而作的〔註14〕）從《禮記》裡面提出來，上承《論語》，下接《孟子》，將四者聯結爲孔、曾、思、孟四人撰著的一組著作，稱作「四子書」。朱子所建構的這個神聖、齊整、完美的傳承譜系和經典組合，的確大大提高了〈大學〉的份量、價值和地位。可惜的是，朱子的判定並無實據。清代以來許多學者的考據工作已經將〈大學〉的撰著時代漸漸往下拉到晚周、漢初間這個兵火連連、學統荒疏的亂世裡來。底下，我們就參照前人所已發現的線索，分別從「文體」、「『大學』一詞的出現」、「思想內容」、「引書」等方面來討論〈大學〉的撰著時代。

一、從〈大學〉的文體來看

　　清代崔述在《洙泗考信錄・餘錄》中，就已經從文體的角度，對〈大學〉的撰著時代作了創造性的判斷了：〔註15〕

> ……玩通篇之文，首尾聯屬，先後呼應，文體亦無參差，其出於一人之手明甚，恐不得分而二之也。凡文之體，因乎其時。故《論語》之文謹嚴；《孟子》之文舒暢；《左傳》采之群書，則文錯出不均；〈大學〉之文繁而盡，又多排語，計其時當在戰國，非孔子、曾子之言也。

當代學者也有人循此角度繼續探討的。如蔣伯潛就認爲「〈大學〉本文，組織自成系統，層次亦極明白」，並說：〔註16〕

> 全篇爲組織完善之議論文，和《論語》、《孟子》底記言體不同，其著作時代當然應後於孟子，故決非孔、孟之間的曾子所作。

錢穆則更具體地說：〔註17〕

〔註13〕據朱子《大學章句》。
〔註14〕據朱子《中庸章句》。
〔註15〕轉引自張心澂：《僞書通考》（台北：盤庚出版社，1979），頁443。
〔註16〕蔣伯潛：《諸子學纂要》（台北：正中書局，1988台初版12刷），頁114。
〔註17〕錢穆：〈四書義理之展演〉，《孔孟學報》17，1969年4月，頁1～2。

> 論語、孟子為記言體裁……孟子比論語前進了，主要的是論語章節
> 短，孟子篇幅長。至於大學，一起頭「大學之道，在明明德，在親
> 民，在止於至善」；中庸開宗明義「天命之謂性，率性之謂道，修道
> 之謂教」；簡單扼要地把全書綱領明白提出；就文章體裁論，便知道
> 學、庸比孟子又進一步……總之，由文體演變來看……議論體的學、
> 庸，該在記言體的論、孟之後。

從以上諸家的討論，已經可以將〈大學〉的撰著時代斷至《孟子》之後。但
我們還可以繼續就孟子以後再作考察。孟子稍後便是荀子(約晚五十年出生〔註
18〕)；在著作年代明確可考的先秦儒家學者中，荀子是第一個寫出成熟議論文
的標竿人物。錢穆說：〔註19〕

> 若把後代散文立論建議之法度來講，荀子文體在戰國時代可算是最
> 進步，最接近後世之法度……荀子固不同於孟子，他所寫都是大文
> 章，不再用「荀子曰」字樣，並標出「勸學」、「強國」、「非十二子」、
> 「正論」等篇名，顯然都已是成體的論文了……可以說，中國古代
> 散文最先只是辭，如孔子春秋。下面衍進到成章，如論語到孟子。
> 下面再衍進到成篇，此一階段，由墨子、莊子衍進到荀子。逐步演
> 進，其間確乎不容易。

我們檢視《荀子》書中荀子所親自撰寫的篇章，除〈成相〉和〈賦〉之外，
都是如同〈大學〉那樣論點集中、結構完整的議論文。並且兩者在結構形式
上又有極相似的如下兩點。第一，〈大學〉一開頭就用「大學之道，在明明德，
在新民，在止於至善」一句把全文主旨扼要說出；而在《荀子》中也不乏這
樣的安排，譬如〈不苟〉篇的：

> 君子行不貴苟難，說不貴苟察，名不貴苟傳，唯其當之為貴。

再如〈解蔽〉篇的：

> 凡人之患，蔽於一曲，而闇於大理。治則復經，兩則疑惑矣。

又如〈性惡〉篇的「人之性惡，其善者偽也。」等也是。

　　第二，〈大學〉在許多個段落都使用了同樣的「此謂……」的收尾方式：

> ……其所厚者薄，而其所薄者厚，未之有也。此謂知本，此謂知之
> 至也。

〔註18〕據錢穆：《先秦諸子繫年》(台北：東大圖書公司，1986 東大初版)。

〔註19〕錢穆：〈中國古代散文──從西周到戰國〉，《中國學術思想史論叢（二）》(台
北：東大圖書公司，1977)，頁 569～572。

……子曰:「聽訟,吾猶人也。必也使無訟乎!」無情者不得盡其辭,大畏民志,此謂知本。

……心不在焉,視而不見,聽而不聞,食而不知其味。此謂修身在正其心。

……故諺有之曰:「人莫知其子之惡,莫知其苗之碩。」此謂身不修,不可以齊其家。

……《詩》云:「其儀不忒,正是四國。」其為父子兄弟足法,而后民法之也。此謂治國在齊其家。

……彼為善之,小人之使為國家,菑害並至。雖有善者,亦無如之何矣。此謂國不以利為利,以義為利也。

而在《荀子》中正也充滿了類似的結構,如〈修身〉篇的:

……《詩》曰:「……亦孔之哀。謀之其臧,則具是違……」此之謂也。

……《詩》曰:「禮儀卒度,笑語卒獲。」此之謂也。

……凡治氣、養心之術,莫徑由禮,莫要得師,莫神一好。夫是之謂治氣、養心之術也。

……《詩》云:「不識不知,順帝之則。」此之謂也。

……《書》曰:「無有作好,遵王之道;無有作惡,尊王之路。」此言君子之能以公義勝私欲也。

又如〈王霸〉篇的:

……天下為一,諸侯為臣,通達之屬,莫不從服,無它故焉,以濟義矣。是所謂義立而王也。

……威動天下,彊殆中國,無它故焉,略信也。是所謂信立而霸也。

……故曰:「粹而王,駁而霸,無一焉而王。」此之謂也。

……《詩》云:「如霜雪之將將,如日月之光明,為之則存,不為則亡。」此之謂也。

……守至約而詳,事至佚而功……夫是之謂至約,樂莫大焉。

……《詩》曰:「自西自東,自南自北,無思不服。」一人之謂也。

　　……故孔子曰：「知者之知，固以多矣，有以守少，能無察乎……」
此之謂也。

　　……孔子曰：「審吾所以適人，人之所以來我也。」此之謂也。

　　……以守則固，以征則彊，居則有名，動則有功。此儒之所謂曲辨
也。

從上述〈大學〉與荀子作品之間全面而明顯地相似的結構看來，兩者的時代
應是十分接近的；不是〈大學〉稍前而影響了荀子，就是〈大學〉稍後而受
了荀子的影響。兩者可能性中，又以後者的可能性為大。因為如果是〈大學〉
在荀子之前出現的話，那麼〈大學〉作者的創造力和始創之功無疑是十分優
秀的，怎麼可能這樣的人物卻沒沒無聞呢？但如果是〈大學〉在荀子稍後才
寫出的話，那麼〈大學〉由荀子學派中某個佚名作者依循荀子既有的文章軌
範作出，因內容精粹而被珍視並流傳下來，這樣就顯得自然而合理得多了。
尤其當我們進一步檢視，注意到〈大學〉的全篇結構還多一分完熟，文章理
路也多一分緊密時，就更可相信：是荀子奠定了純粹議論文的體式，並創作
了大批作品；而〈大學〉作者緊隨其後，在這豐碩的基礎上，完成了一篇後
出轉精的大文章。

二、從「大學」一詞的出現來看

　　〈大學〉裡的「大學」一詞，自漢到唐都理解為「太學」，指的是一種學
府。這個解釋到了朱子的時候開始有了變化。雖然朱子在〈大學章句序〉中
仍說到「『大學』之書，古之大學所以教人之法也」；但他在《大學章句》裡
卻又說：「大，舊音泰（按：這是鄭玄在《禮記》〈文王世子〉、〈祭義〉篇註
釋中所提到的），今讀如字（按：就是讀作大小的大）。」，並正式將「大學」
另外解釋為「大人之學」，指的不外是「成熟君子的學問」或「所以能成為成
熟君子的學問」。朱子這個新的解釋值得喝采，至今也仍被多數人使用，然而
它卻是一個錯誤的解釋。

　　首先，周漢間其他文獻裡的「大學」一詞，都指的是朝廷所設的高等學
府（即「太學」），並且這個用法在〈大學〉一文中並無突兀不通之處。其次，
周漢間另有如「君子之道」、「君子之學」這樣的語詞，意思跟朱子所謂「大
人之學」相近相似；因此，如果當時需要表達一個「大人之學」的概念，直
接說「大人之學」也就是了，怎麼會這麼獨特這麼突兀地用「大學」來表示

「大人之學」呢？從構詞方式來看，用「大學」一詞來表示「大人之學」，語義嚴重超載溢出，非常不可能是事實；應該說，除了朱子《大學章句》這個詮釋以及它所延伸出去的脈絡外，在古今一般的常態的語境中都不會有這樣的用法。總之，朱子是以他心目中的理想事物，套用在原不相屬的語言上面了；「大學」一詞，仍應依照漢唐舊說，理解爲「太學」才是。

當然，如此一來，根據鄭玄的說法，「大學」一詞似乎應該重新讀作「ㄊㄞˋ學」才對。不過，我們也可以依照今天的語言習慣，直接照本字讀爲「ㄉㄚˋ學」。畢竟在今天的日常語言裡，「ㄉㄚˋ學」指的正是一種學府，根本不會被理解成朱子所謂的「大人之學」。

確定了「大學」的詞義後，現在就依「大學」一詞來看〈大學〉的撰著時代。首先，先秦典籍一直到《孟子》都沒有出現「大學」一詞。徐復觀說：〔註20〕

> 《周禮·春官》大司樂「掌成均之法」，後人以爲成均即大學；又有謂《詩·大雅·靈臺》所謂之「辟廱」即「大學」；然不論成均、辟廱，乃至所謂上庠等，皆未曾正式稱爲大學。而其所以爲教的內容，則皆以樂爲主，再配以年中行事的特別節目……在諸子百家中最先談到學校制度的，莫詳於孟子。他對古代的庠序學校，賦予了以新地解釋與新地內容。然以庠爲養老，序爲習射；養老習射，皆須配以音樂，與《詩》及《周禮》所説的仍相合。至他所謂「學則三代共之」的「學」，乃係以學習的行爲，轉而稱學習的處所，可能爲稱學校之「學」之始。此乃學習處所的汎稱，恐怕係由孔子的平民教育活動所形成的觀念，孟子即以之上推於三代。後人多以「大學」釋之，我以爲是一種附會。總之，在孟子時代，古代由庠、序、校、成均這一類名稱所代表的特定行爲與處所，開始向一般之所謂學校意義方面發展，但尚未出現「大學」或「太學」的名稱。

依此，則即使在孟子那個時候，也才只用一個「學」字來代表新興意義的「學校」概念並兼攝舊有的「學校」概念。

在時代大致可考的文獻中，最早出現「大學」一詞的是《荀子·大略》篇。根據楊倞注，這篇是荀子弟子雜錄荀子的言論所編輯而成的。文中說：

〔註20〕徐復觀：《中國人性論史：先秦篇》（台北：台灣商務印書館，1978 四版），頁267～268。

> 不富無以養民情，不教無以理民性。故家五畝宅，百畝田，務其業
> 而勿奪其時，所以富之也。<u>立大學，設庠序，脩六禮，明七教</u>，所
> 以道之也。《詩》曰：「飲之食之，教之誨之。」王事具矣。

顯然這個首度出現的「大學」一詞，所指的絕對是一種「學府」，不會是一種
「學問」。而從「立大學」一語來看，這裡追述舊制舊事的可能性雖不能完全
排除，但實質上卻更像是在提倡一個新的構想和主張；頗可相信，「大學」是
荀子那時候才新出現的用語和概念。

緊跟在荀子之後，《呂氏春秋‧孟夏記‧尊師》裡便出現了「太學」一詞：

> 天子入太學，祭先聖，則齒嘗爲師者弗臣，所以見敬學與尊師也。

這句話與《禮記‧學記》「大學之禮，雖詔於天子，無北面，所以尊師也。」
的基本含義完全相同，因此這裡的「太學」與「大學」顯然是同一個概念同
一個東西。由此可見，在「大學」概念初起的時候，「大學」和「太學」二詞
就已經可以相互替代使用了。

《呂氏春秋》以外，其他出現「大學」（或「太學」）一詞的文獻也都是
在荀子以後，而大部分都已經進入漢代了。如賈誼《新書》裡的〈容經〉、〈保
傅〉；《大戴記》裡的〈夏小正〉（出現在傳文部分，爲漢人所作）、〈保傅〉（多
取自賈誼文）；《禮記》裡的〈祭義〉（作於漢初）、〈王制〉（作於漢文帝到漢
宣帝之間）、〈學記〉（作於荀子以後到西漢之間）等。〔註21〕當然，漢武帝時
董仲舒的賢良對策是不可忽略的：〔註22〕

> 古之王者明於此，是故南面而治天下，莫不以教化爲大務；<u>立大學</u>
> <u>以教於國，設庠序以化於邑</u>，漸民以仁，摩民以誼，節民以禮，故
> 其刑罰甚輕而禁不犯者，教化行而習俗美也。（對策一）

> 夫不素養士而欲求賢，譬猶不琢玉而求文采也。故養士之大者，莫
> 大摩太學；太學者，賢士之所關也，教化之本原也。今以一郡一國
> 之眾，對亡應書者，是王道往往而絕也。臣願陛下興太學、置明師，
> 以養天下士，數考問以盡其材，則英俊宜可得矣。（對策二）

這裡〈對策一〉用的是「大學」一詞，〈對策二〉則改用「太學」；恰如賈誼

〔註21〕 《大戴記》、《禮記》各篇年代略據屈萬里：《先秦文史資料考辨》（台北：聯
　　　　經出版公司，1983），頁350～354。

〔註22〕 《漢書‧董仲舒傳》（台北：史學出版社，1974影印新校本廿五史台北一版），
　　　　卷56，頁2503、2512。

《新書》在〈容經〉篇用「大學」，而在〈保傅〉篇改用「太學」一樣。這個現象說明了在賈誼、董仲舒的時代，「大學」與「太學」二詞的同義也是不說自明的。再看，〈對策一〉追述古代王者措施的「立大學以教於國，設庠序以化於邑」一句，竟是直承《荀子・大略》篇「立大學，設庠序」的話而來；顯然荀子所提出的「立大學」的構想，確實是後人關於「大學」的議論，以及董仲舒「興太學」的主張的源頭鼻祖了。

若沒有人先提出「大學」這個概念，〈大學〉作者是不可能毫無交代便直接從「大學之道」一路談下來的。由此可以確定，〈大學〉的撰著必定是荀子提出「大學」概念以後的事。

三、從〈大學〉的思想內容來看

近人胡適在他的《中國哲學史大綱：卷上》（1919 出版，後來改名為《中國古代哲學史》）裡，從思想內容推斷〈大學〉的時代，他說：〔註23〕

> 大概《大學》和《中庸》兩部書都是孟子、荀子以前的儒書。我這句話，也無他種證據，只是細看儒家學說的趨勢，似乎孟子、荀子之前總該有幾部這樣的書，纔可使學說變遷有線索可尋。不然，那極端倫常主義的儒家，何以忽然發生一個尊崇個人的孟子？那重君權的儒家，何以忽然生出一個鼓吹民權的孟子？那儒家的極端實際的人生哲學，何以忽然生出孟子和荀子這兩派心理的人生哲學？若《大學》、《中庸》這兩部書是孟子、荀子以前的書，這些疑問便都容易解決了。

比起朱子的判定（曾子門人寫定），胡適這是將〈大學〉撰著年代的下限稍稍往下拉，將可能的範圍放寬為孔子之後、孟子之前這一段期間了。

胡適以後，許多人用同一方法做了更細密的考察。不過，他們多半認為〈大學〉的撰著時代比孟子、荀子都要來得晚，應該說是在荀子稍後的一段期間。首先是馮友蘭，他主張〈大學〉是荀學，認為〈大學〉中的「止」、「絜矩之道」、「誠於中而形於外」、「慎獨」、「格物致知」……等觀點都是承荀子而來的。〔註24〕其後如徐復觀，他說：〔註25〕

〔註23〕胡適：《中國古代哲學史》（台北：遠流出版公司，1986 遠流二版），頁247～248。
〔註24〕馮友蘭：〈大學為荀學說〉。

心有德性與知性的兩面。德性乃人的道德主體；孟子在這一方面顯發得特為著明。知性是人的知識主體；這一方面，由荀子顯發得相當的清楚。所以先秦儒家的人性論，到了孟荀而已大體分別發展成熟；由〈大學〉一篇而得到了一個富有深度的綜合。也可以說是先秦儒家人性論的完成……〈大學〉思想的性格，是直承先秦儒家思想發展之流，而未受到重新開始的天道、天命的觀念的影響……我以為它是秦統一天下以後，西漢政權成立以前的作品。有某一個今日無從知道姓名的偉大儒者，為了反抗法家，乃將儒家的思想，有計劃地整理綜合而成的教本。

如錢穆，他說：〔註26〕

……先秦思想，可分有兩大趨勢：一主推，一主止。孟子主推，貴能擴而充之；荀子則主止，故重師法。大學之道，在明明德，在親民，在止於至善，顯是沿襲主「止」一派的思想，故說為人君「止於仁」，為人臣「止於敬」……大學雖不能指說它是荀學，但確有許多處有荀子思想之存在。總之，大學、中庸都是晚出書，大約為戰國末年乃至秦初的作品。

如戴君仁，他檢討馮友蘭的論點後說：〔註27〕

……總結的說，〈大學〉有與《荀子》相同之點，但不能說「〈大學〉大部分出於荀學」……我想〈大學〉、〈中庸〉（前二十章）的時代應和荀子差不多，也許稍後些，馮氏認為是秦漢之際儒者所作，不為無見。

如勞思光，他說：〔註28〕

大學一方面僅是一討論德性之作，而並非嚴格政治理論；另一面則所論之德性問題又只限於實踐程序，故主旨在論本末先後諸點。至於德性根源問題，則亦未加析論。蓋此書雖論德性，又非一心性論

〔註25〕 徐復觀：《中國人性論史：先秦篇》，頁 263、264、272。據書前〈補記〉（1975）、〈再版序〉（1968）及〈序〉（1962）判斷，本書在商務版的初版（1969）以前已經刊行過一次（應在 1963 年）。

〔註26〕 錢穆：〈四書義理之展演〉，頁 7。

〔註27〕 戴君仁：〈荀子與大學中庸〉，《梅園論學集》（台灣開明書局，1970），頁 234、237。

〔註28〕 勞思光：《新編中國哲學史（二）》（台北：三民書局，1991 增訂六版），頁 45。

之基本著作，而乃發揮或承繼已有之心性論者。觀此書兼承孟荀之論，而不加檢別，無所評論，可知此書之作，必在此二說皆大盛之後。以荀卿立說之時代考之，又可知此書之時代不能出於秦初至漢初一段時間矣。

如唐君毅，他說：〔註29〕

> 大學多言「止至善」之止，文句類荀子之言「止諸至足」。儒家孔孟固只言行、言推、言舉，不言止也。莊子乃喜言止，墨辯更多言止，荀子亦然。則大學之成書。亦當在荀子後。

又如成中英，他針對胡適的推斷提出批評說：〔註30〕

> 事實上，如果從大學和中庸的思想本身來追尋一個學術變遷的線索，則兩篇似應在孟、荀之後完成。因為兩篇的內容似乎是綜合了孟、荀思想的精要，並建立了更完備的形上學體系。從深度來說，大學、中庸中的思想似較孟、荀者更為成熟。從文體上看，兩篇均採嚴謹之論辯形式，此為孟、荀以前的作品所少有，故胡適之說，未敢苟同。

以上諸家所論，雖然若干地方互有出入，但都各從思想內容的某一方面，推斷〈大學〉作於荀子稍後的一段時間裡。綜合起來看，這一段時間大約就是戰國末年到漢初以前為止。〔註31〕這應該是這個方法下比較一致而可依據的結論。

　　同樣用此方法的，還有人推斷〈大學〉作於孟子之後荀子之前，〔註32〕又有人認為作於漢武帝時、作於漢武帝之後；〔註33〕前者是因為誤將〈大學〉

〔註29〕唐君毅：《中國哲學原論：原道篇·卷二》（香港新亞研究所1973初版：台北：台灣學生書局，1980台三版），頁65。

〔註30〕成中英：〈戰國儒家與孟子思想體系〉一文，註六，《中國哲學與中國文化》（台北：三民書局，1974初版，1985三版）頁122。

〔註31〕桓寬《鹽鐵論·毀學》說：「李斯之相秦也，始皇任之，人臣無二，然而郇卿為之不食……」據此則李斯相秦時（秦始皇34年，秦併天下後第九年），荀子仍然在世。但依錢穆考辨，〈毀學〉這段話不可信，荀子死於戰國末年，下距秦併天下還有二十餘年左右；見錢著《先秦諸子繫年》，〈攷辨一五六〉暨頁619。

〔註32〕此說見勞榦的〈大學出於孟學說〉（《中研院歷史語言研究所集刊》38，1968年1月），這篇是為了反駁馮友蘭的〈大學為荀學說〉而發表的。

〔註33〕傅斯年在其《中國古代文學史講義》裡，主張〈大學〉作於漢武帝時孔僅、桑弘羊登用之後，輪臺下詔之前；見《傅斯年全集》（台北：聯經出版公司，

全部理解爲孟學所致，後者則在判斷思想影響的先後關係上頗有可斟酌的地方，這裡就不加以討論了。

四、從〈大學〉的引書現象來看

從引書現象推測〈大學〉撰著時代的，較早有日本學者武內義雄，他說：〔註34〕

> 大學篇記述大學教育之目的。從其引古文尚書之太甲一點而思之。諒亦爲在武帝以後。

又有傅斯年，他說：〔註35〕

> 大學引秦誓，秦向被東方諸侯以戎狄視之，他的掌故是難得成爲東方的學問的。書二十八篇，出於伏生，伏生故秦博士，我總疑書中有秦誓，是伏生做過秦博士的痕跡。這話要眞，大學要後於秦代了。

以上兩人分別主張〈大學〉作於漢武帝之後和秦代之後。不過他們的推斷都較爲粗疏，所以後來徐復觀針對他們所提到的兩處引書重新考察，並分別作了較爲縝密的推斷：〔註36〕

> 武內氏以〈大學〉中引有《古文尚書》之〈太甲〉，因此而斷定「諒亦在武帝之後」；但《尚書》今古文的問題，乃項羽咸陽一炬以後所引起的問題。在咸陽一炬以前，根本無所謂古今文《尚書》之異，更不待孔安國而《古文尚書》始見於人間。所以某書引用《古文尚書》，他可以兩面作證；即是：或者在咸陽一炬之前，或者是在孔壁出世以後。
>
> 〈大學〉中鄭重引用〈秦誓〉。不僅先秦諸子百家，無引用〈秦誓〉之事；及西漢因在文化上反秦之氣氛特隆，亦無引用〈秦誓〉之事。
>
> 〈大學〉之引用〈秦誓〉，可能反映作者乃以秦的統治爲其背景。

他重新斟酌了以後的看法是：〈大學〉作於秦代的咸陽一炬以前。此刻我們可

1980），第一冊，頁147～148。趙澤厚認爲〈大學〉是漢武帝時董仲舒所作，見其《大學研究》第一章第六節。日本學者武內義雄的〈大學篇成立年代考〉（收入江俠菴編譯：《先秦經籍考》，台北：河洛出版社，1975台景印初版）則主張〈大學〉作於漢武帝之後。

〔註34〕武內義雄：〈大學篇成立年代考〉。
〔註35〕《傅斯年全集》，第一冊，頁148。
〔註36〕徐復觀：《中國人性論史‧先秦篇》，頁269～271。

以稍加修正的是，在咸陽一炬以後的一段時間內，儒者們仍有可能根據記憶，引用被毀典籍的片段，所以不應絕對地以咸陽一炬為斷限。

此外，錢穆也注意到〈大學〉中另外一處引書現象所蘊含的線索，他推論說：〔註37〕

> （〈大學〉）又曰：「詩云：『邦畿千里，惟民所止。』詩云：『緡蠻黃鳥，止於丘隅。』子曰：『於止，知其所止……』詩云：『穆穆文王，於緝熙敬止。』為人君，止於仁。為人臣，止於敬……與國人交，止於信。」所引詩辭言止者三，皆非大學所主張言止之本義。又與國人交，豈止於信而即已乎，此尤其牽強之跡。故知大學為晚出書，絕不能在孟子前。其言止，即猶荀子之言師法也。

而他的看法則是：〈大學〉作於荀子以後。

綜合徐、錢二氏由〈大學〉引書所作的推測，我們最後可以得到如下的結論：〈大學〉作於荀子以後到漢初以前。這個結論，跟前面幾個方法的結果大致是相呼應的。

*

本節由文體、「大學」一詞的出現、思想內容和引書現象等四個方面，分別考察〈大學〉的撰著時代，而都得到一個共同的結論：〈大學〉作於荀子之後不久的一個時期裡，也就是從戰國末年起，經過短暫的秦王朝，到漢初以前為止。〔註38〕在底下各章節中，我便以此為前提，探討在那個時期所撰成的〈大學〉，其思想的真實面目究竟如何。

第三節 〈大學〉訓詁疑義衡定

〈大學〉中有若干語詞、文句在訓詁上頗有爭議，它們多少影響到思想內容的詮釋與判斷。對這些語詞、文句的訓詁，我集中在這一節裡做個討論。

〔註37〕錢穆：〈推止篇〉，第十一節：「大學」，《中國學術思想史論叢（二）》，頁467。
〔註38〕胡志奎在他的《學庸辯證》（台北：聯經出版公司，1984）裡，從《易傳》、《禮記》編撰源流和《尚書》今、古文源流推證《中庸》與《大學》的著作年代，主張兩者同作於西漢末以後，或更晚出於東漢的班固以前。其推證所涉及的線索極繁極廣，而結論與諸家差異極大，特附記於此。

一、「大學」與「大學之道」

　　我在上節已經詳細討論過，《禮記‧大學》篇裡的「大學」一詞，一如其他秦漢文獻中的「大學」一樣，應該理解爲朝廷所設立的一種高等學府，而不可以理解爲一種「學問」（譬如朱子所以爲的「大人之學」〔註39〕）。因此關於「大學」，這裡就不再細說了。

　　既然「大學」指的是朝廷所設的高等「學府」，那麼，「大學之道」便應理解爲「大學裡所主張所教導所弘揚的爲政之道」；也就是大學裡平素所教給學子們，要他們在學成以後付諸實踐的道（至少以此爲重點爲核心）；而那就是所謂的「明明德、新民、止於至善（「明明德」已經是外王實踐之事，「新民」係依朱子意見所改，皆詳見後文）」了。我們來看《禮記‧學記》篇所說的：

> 比年入學，中年考校。一年視離經辨志；三年視敬業樂群；五年視博習親師；七年視論學取友，謂之小成；九年知類通達，強立而不反，謂之大成。夫然後足以化民易俗，近者悦服而遠者懷之，此大學之道也。

這裡的「大學之道」一樣是以「大學裡所主張所傳授，希望學生們學到了『大成』的地步之後據以實踐、推行的道」（〈學記〉裡多次出現的「大學」一詞也都是指一種學府，這是無可懷疑的）爲重點，爲核心。而其具體內容「化民易俗，（使人民）近者悦服而遠者懷之」恰恰是「明明德，新民，止於至善」的另一種表達；這點對於我在前面所作的解釋正是一個有力的印證。

　　至於王夫之在討論「大學」名義時所說的「以大學爲學宮名，非論學之道，故取義於大人」，〔註40〕這應該是他腦筋一時轉不過來，以爲一定要將「大學」理解爲「大人之學」才有個「道」可說，而理解爲一個學府一個機構則否吧！

　　值得再次強調的一點是，在〈大學〉的時代裡，儒者治學主要是爲了從政，所以把「大學之道」理解爲大學裡所教導所傳授的「爲政之道」是自然而然合情合理的，這一點從〈大學〉全文的內容來看也可以得到印證。

〔註39〕宋儒黎立武另將「大學」解釋爲「大成之學」（見《大學本旨》；收入《大學彙函》內，中國子學名著集成編印基金會印行），其錯誤同於朱子。

〔註40〕王夫之：《禮記章句》，卷42，頁二。

二、「明德」

「明德」一詞，除〈大學〉所引到的《尚書》外，在先秦其他典籍裡也出現得很多，例如：

> 帝謂文王：予懷明德，不大聲以色，不長夏與革……（《詩經‧大雅‧皇矣》。按：「懷」是眷顧，此處指眷顧有明德的人）

> 王不許，曰：「……叔父若能光裕大德，更姓改物，以創制天下……叔父其懋昭明德，物將自至……」（《國語‧周語中》）

> 公使眾仲對曰：「君釋三國之圖，以鳩其民，君之惠也。寡君聞命矣，敢不承受君之明德！」（《左傳‧隱公八年》）

> （孟僖子）曰：「……臧孫紇有言曰：『聖人有明德者，若不當世，其後必有達人。』今其將在孔丘乎……」（《左傳‧昭公七年》）

以上諸例子裡的「明德」，跟其他許多沒列出來的例子一樣，都是就著某一個具體的個人來說的，意思也都是指這個人所具體表現的美好德行。顯然「明德」是先秦熟語，有它固定的用法，指的是後天所修成的德行；不可像朱子、王陽明那樣，把它直接理解為先天德性，說成「人之所得乎天，而虛靈不昧，以具眾理而應萬事者也」[註41] 或「根於天命之性，而自然靈昭不昧者也」[註42] 那樣的東西。這個意思，其實早已經有若干學者提出來了，其中討論得最細密完整的要算牟宗三這一段話：[註43]

> 《大學》之「明德」，宋明儒（不管那一系）歷來皆就因地上之本心性體言……正視《大學》原義問題，則覺不如此。古注疏皆不自因地上言，乃自果地上言，或指「德行」言，或指「有德之人」言。《大學》「明明德」傳引〈康誥〉、〈太甲〉、帝典之語，而結之云：「皆自明也」，此「自明」並不足以表示其所自明者即是吾人本心性體之「德性」。明吾個人光明正大之「德行」亦可以說是自明，並不是他明……至於〈太甲〉篇之「明命」則與元命、大命、成命同，皆指政治上之受命言，非「天命之謂性」、性命之命也。《大學》引「顧諟天之

[註41] 朱子：《大學章句》，經一章注文。
[註42] 王陽明：〈大學古本問〉，明隆慶萬曆間重編刊百陵學山本，收入《大學彙函》。
[註43] 牟宗三：《心體與性體》（台北：正中書局，1985 台初版六刷）第二冊，頁 424。類似觀點另見趙澤厚：《大學研究》，頁 127～132；王大千：《大學正簡》，頁 64。

明命」，可謂不類。依此而言，則《大學》之明德不能確定其必指因
地上之本心性體言，而且依古注疏解為德行，則既合于《尚書》之
原義，亦于《大學》之言「明明德于天下」上的因果關係更為顯明。
是以吾今決定《大學》之「明德」不能解為因地上之本心性體，只
能視為果地上（外部的）之「德行」。

车氏這段話，已經把〈大學〉「明德」的原義辨明清楚了。但其中有一點必須
澄清如下：〈大學〉在誠意一段中（在一般所謂的「明明德」的「傳」裏）引
用了《尚書‧太甲》「顧諟天之明命」一句，這兒「明命」的原意確實是指政
治上的受命而言沒錯；但是〈大學〉引用此句的用意，從「誠意」一段的脈
絡來看，卻是要提醒為政者敬慎地、當作天職般地去「明明德」，這是作為譬
喻的引用，不應該被說為「不類」。

三、「明明德」

既然如前面所論，「明德」一詞指的是後天所修成的「德行」，那麼「明
明德」就不能看作向內體認先天德性的純內聖之事；而應看作向外彰明自身
美德的外王之事，也就是鄭注所謂的「顯明其至德」和孔疏所謂的「彰明己
之光明之德」、「謂身有明德而更章顯之」了。我們看底下幾個例子：

文王曰咨，咨汝殷商……不（丕）明爾德，時無背無側。爾德不明。
以無陪無卿。（《詩經‧大雅‧蕩》）

明施舍以導之忠，明久長以導之信，明度量以導之義，明等級以導
之禮……明正德以導之賞……（《國語‧楚語上》）

莊王欲納夏姬，申公巫臣曰：「不可……《周書》曰：『明德慎罰』，
文王所以造周也。明德，務崇之之謂也；慎罰，務去之之謂也……」
（《左傳‧成公二年》）。按：這裡的「明」是動詞，相當於「明明德」
的第一個「明」字）

且夫大伐小，取其所得，以作彝器，銘其功烈，以示子孫，昭明德
而懲無禮也。（《左傳》襄公十九年）

國子使晏平仲私於叔向曰：「晉君宣其明德於諸侯，恤其患而補其
闕，正其違而治其煩，所以為盟主也……」（《左傳‧襄公廿六年》）

這些例子裡，都有字面上、結構上與「明明德」幾近相同的用語（加底線者），

而從這些用語的前後文來看，它們都是向外彰明自身美好德行的意思。再看底下的例子：

> 明明天子，令聞不已。<u>矢其文德</u>，洽此四國。
>
> （《詩經・大雅・江漢》。按：矢，施也。）
>
> ……此先王所以不用財賄，而<u>廣施德</u>於天下者也。（《國語・周語中》）
>
> 天子之貴也，唯其以公侯為官正，而以伯子男為師旅。其有美名也，唯其<u>施令德</u>於遠近，而小大安之也。（《國語・楚語上》）
>
> 臧哀伯諫曰：「君人者，將<u>昭德</u>塞違，以臨照百官，猶懼或失之，故<u>昭令德</u>以示子孫……」（《左傳・桓公二年》。按：違，邪也。）
>
> 兵之設久矣，所以威不軌而<u>昭文德</u>也。聖人以興，亂人以廢。
>
> （《左傳・襄公廿七年》）

這些例子裡，則都出現了結構跟「明明德」相同或相近，且用字部份相同（指「德」字）部份相通（指「德」以外的另兩字）的用語（加底線者），從前後文來看，它們也都是指在位者向外彰明自身美好德行的意思。

以上兩組例子，都支持鄭玄、孔穎達對「明明德」的解釋，也支持了前面我對「明德」的解釋。現在再從「明明德於天下」一句來看。孔疏依其對「明明德」的解釋，把這句話解釋為「（為政者）章明己之明德，使遍於天下」，十分自然合理。而朱注在他對「明明德」的新解下，不得不將它解釋為「使天下之人皆有以明其明德也」〔註44〕；這就把原文「（為政者）明明德於天下」的意思說成「（為政者）促使天下人跟他一起去明明德」，憑空地多出一層原文所沒有的轉折來。若照這樣的解釋還原回去，原文豈不是應該變成「明『明明德』於天下」了？總之，朱子的解釋在語法上是牽強不通的。由此我們再度證明了「明明德」並非宋明儒所以為的證悟、朗現心性本體的內聖之事，而全然是學成以後向外推出的外王實踐之事。

四、「親民」還是「新民」？

〈大學〉原文裡的「親民」一詞，孔《疏》依其原字直接解釋為「親愛於民」；而漢初賈誼的《新書・春秋》裡所出現的「親民如子」〔註45〕也顯然

〔註44〕朱子：《大學章句》，經一章注文。

〔註45〕賈誼：《新書・春秋》（在《增補中國思想名著》第三冊內，台北：世界書局，1975三版），卷6，頁10下。

是照「親民」原字直接使用的。但朱子依程頤之說，認爲「親民」應是「新民」之誤；他在《大學或問》裡說：「今親民云者，以文義推之則無理；新民云者，以傳文考之則有據。」。到了明代，王陽明又反駁朱子的看法，主張原文的「親民」二字無誤，他說：〔註46〕

> 「作新民」之「新」，是自新之民，與「在新民」之「新」不同，此豈足爲據？「作」字卻與「親」字相對，然非「親」字義。下面治國平天下處，皆於「新」字無發明。如云「君子賢其賢而親其親，小人樂其樂而利其利」、「如保赤子」、「民之所好好之，民之所惡惡之，此之謂民之父母」之類，皆是「親」字意。「親民」猶孟子「親親仁民」之謂，「親之」即「仁之」也。百姓不親，舜使契爲司徒，敬敷五教，所以親之也。〈堯典〉「克明峻德」便是「明明德」；「以親九族」至「平章」、「協和」便是「親民」，便是「明明德於天下」。又如孔子言「修己以安百姓」，「修己」便是「明明德」，「安百姓」便是「親民」。說「親民」便是兼教養意，說「新民」便覺偏了。

這段話討論得很細，但我還是認爲程朱讀作「新民」才是正確的。首先，〈大學〉「所謂誠其意」一段末尾的三組引文，整齊、明白地跟〈大學〉開頭三個「在」字短語相呼應；其中第二組引文裡「苟日新，日日新，又日新」、「作新民」和「周雖舊邦，其命維新」等語的「新」字都證明了〈大學〉開頭應該是「在新民」而非「在親民」；尤其「作新民」一語，更有可能是「新民」一語的靈感來源；王陽明見這前後兩處「新民」中「新」字的詞性不同，便否定了其間的呼應關係，理由並不充分。還有，這個角度的論證，朱子說是「以傳文考之則有據」；其實這是同一篇文章內的直接證據，並不是來自「傳文」的間接證據。

其次，〈大學〉裡談到教民、化民等意思，而可與「新民」一語相發明的地方，其實所在多有，如「君子不出家而成教於國」、「一家仁，一國興仁；一家讓，一國興讓」、「宜其家人，而后可以教國人……宜其兄弟，而后可以教國人」、「上老老而民興孝，上長長而民興弟，上恤孤而民不倍」等。

最後，王陽明所以爲的〈大學〉一文中「皆是『親』字意」的三個地方，以及所舉《孟子》、《尚書》、《論語》中有關「親民」的幾個例子，所說的其實都不是「親民」這個意思。事實上，即使早在東周的時候，即使只就當時的諸

〔註46〕王陽明：《傳習錄・上》，《王文成公全書》卷1～3。

侯國來說，在位者若想要「親民」（親近人民），事實上是有其客觀上的限制，難以真正施行的。所以《堯典》只說「以親九族」、「平章百姓（此處『百姓』指百官）」、「協和萬邦」，最後才說個「黎民於變時雍」。它不說「以親黎民」，因為那樣就只是個不切實際的門面語罷了。此外，在《論語》、《孟子》、《荀子》中也都沒有「親民」的用語，而《孟子・盡心上》這兩段說得更清楚：

> 孟子曰：「君子之於物也，愛之而弗仁；於民也，仁之而弗親。親親而仁民，仁民而愛物。」

> 孟子曰：「知者無不知也，當務之為急；仁者無不愛也，急親賢為務。堯舜之知而不遍物，急先務也；堯舜之仁不遍愛人，急親賢也。不能三年之喪，而緦、小功之察；放飯流歠，而問無齒決，是之謂不知務。」

從引文中所強調的「君子於民，仁之而弗親」、「仁者急親賢，而不遍愛人」兩個意思來看，孟子當時就已經自覺到「親民」是一個不適切的概念，而它跟「仁民」也是不能混為一談的。從王陽明「『親之』即『仁之』也」、「說『親民』便是兼教養意」等詮釋「親民」的話，可以看出他其實是受了經文誤字的制約，含混地將「親民」等同於「仁民」，從而塑造出一個似是而非的「影子術語」罷了。至於賈誼所用到的「親民」一詞，也應是在尊經的心理下受到〈大學〉經文誤字的影響而來的（賈誼《新書》中出現「大學」、「太學」各一次，他很有可能讀過〈大學〉一文），並不能據以否定我上面的主張。

應說明的是，我這兒同意改本派學者的看法將「親民」改為「新民」，這一點只關係到個別文字的校勘處理，跟本書回歸〈大學〉原本的基本立場並不衝突。

五、「止於至善」

朱子解釋「至善」為「事理當然之極」，認為「止於至善」是在說明「明明德、新民皆當至於至善之地而不遷。蓋必其有以盡夫天理之極，而無一毫人欲之私也。」〔註47〕王陽明則把「至善」解釋作「心之本體」，而認為「盡其心之本體謂之止至善。」〔註48〕兩人的解釋都沒有足夠照顧到〈大學〉原有的政治關懷與政治實踐的基本性格。前面曾經提到，「大學之道」主要是個

〔註47〕朱子：《大學章句》，經一章注文。
〔註48〕王陽明：〈大學古本傍釋〉，百陵學山本，收入《大學彙函》。

「為政之道」；也曾經說到，不單是「新民」，就連「明明德」都是扣緊政治實踐來說的。既然這樣，那麼接在「明明德」、「新民」之後才說出的「止於至善」當然也應該是就著政治實踐來說的。〈大學〉在「誠意」一段說到「為人君，止於仁；為人臣，止於敬；為人子，止於孝；為人父，止於慈；與國人交，止於信。」把這句話拆開來逐個地衡量，表面上的確有些朱子所謂「盡夫天理之極」的意味；不過如果把整句話合在一起來看，並且注意到君、臣、父、子、國人等所構成的整體脈絡，便可以看出，「止於至善」無非是在指出「明明德」、「新民」的實踐效驗與終極目標，它的意思應該是「讓整個群體（即家、國、天下）一起達到至善的地步」。

六、「致知」

　　「格物」、「致知」可說是〈大學〉詮釋史上爭議最多的兩個語詞了。為了方便，現在先討討論「致知」。朱子認為「致知」是「推極吾之知識，欲其知無不盡也。」〔註49〕王陽明則認為「致知」是「致吾心之良知。」〔註50〕前者似乎比較允當，但相關的理論脈絡還是有些模糊；後者用孟子「不慮而知」的良知來解釋「知」，於是「致知」就變成「展現（本有的）良知」，與「誠意」沒有根本的差別，這也不合〈大學〉思想「先知後行」的次序。現在我們要儘量從〈大學〉本文中探尋「致知」一詞的本義。首先，「致知」的「致」字應該是「去獲得」，也就是「求」的意思，正如高明所說：〔註51〕

> 「物格而后知至」是與上文「致知在格物」呼應的，「知至而后意誠」
> 是與上文「欲誠其意先致其知」呼應的。自其發動處去說，是「致
> 知」；自其結束處去說，是「知至」。「知至」是那個「知」的獲得，
> 「致知」是去獲得那個「知」。

這是直接從「知至」一詞和前後文所推得的結論。孟子說：「天之高也，星辰之遠也，苟求其故，千歲之日至，可坐而致也。」（《孟子‧離婁下‧26》）這句話中「致」字指的便是某一種知的求得、獲得；《荀子》有〈致士〉篇，也是將「致」字用作「招求（賢士）」的意思。由此可以知道，這並不是一個孤立、特殊的解釋。

〔註49〕朱子：《大學章句》，經一章注文。
〔註50〕王陽明：〈大學古本問〉。
〔註51〕高明：《禮學新探》，頁128。

至於「致知」的「知」，則同樣從〈大學〉本文來看，它的內容應該是「知至」與「知之至也」的「知」。而〈大學〉明明白白地說：「此謂知本，此謂知之至也」，我們仔細體會文意脈絡（詳見第二章第二節），便可知道，「致知」的「知」指的就是「知本」。

七、「格物」的「格」

「格物」的「格」字，鄭注說是「來也」，朱注說是「至也」，王陽明說是「正也」。然而，根據這樣子所理解的「格物」，為什麼便能夠「致知」（「致」應是「獲得」的意思，見上文）呢？這幾個解釋，若不加上其他的條件和相關的敘述，是無法直接講清楚什麼是「格物」的。

現在看來，「格物」一詞的「格」字，其確定的解釋應為「思慮、量度」。首先，從〈大學〉的文意脈絡來看，「慮而后能得」一句中，「慮」字以下文「物有本末」的「物」為對象，「得」字則指的是下文所說的「知所先後」。於是「慮而後能得」一句便是「思量相關事物，得其本末，知所先後」的意思，它恰恰是「物格而后知至」的同義語。也就是說，「格物」就是「慮物」；「格」就是思量、思慮的意思。值得強調的是，這個解釋直接來自〈大學〉本文（詳見第二章第二節），學者們卻因為誤讀了〈大學〉文義脈絡，往往視而不見。

另外，宋代車若水、明代穆孔暉，以及清代毛奇齡、惠棟、鈕樹玉……等人都先後在《廣韻》，在《文選·運命論》李善注（引《倉頡篇》文），或在《一切經音義》（亦引《倉頡篇》文）裡找到一個「格，量度之也」的古訓，用來解釋「格物」的「格」字。這個古訓在當代也得到若干學者的肯定與表彰；〔註52〕重要的是，它與上面根據〈大學〉本文所找到的「思慮」一義正相吻合。

從以上兩路印證的結果來看，「格物」一詞解釋為思慮、量度應該可以無

〔註52〕參見謝叔元：《大學述義備商》（1968 香港吳瀚影印本），頁 32；高明：《禮學新探》，頁 130；高明，〈學庸研究之回顧與前瞻〉，國立高雄師範大學國文系編輯委員會編：《大學論文資料彙編》（高雄：復文出版社，1981），頁 437；林耀曾，〈六十年來之大學中庸〉，《六十年來之國學（一）》（台北：正中書局，1975 台二版），頁 724～725；王大千：《大學正簡》，頁 101；毛子水，〈「致知在格物」：一句經文說解的略史〉，《輔仁學誌——文學院之部》11，1982 年 6 月。

疑了。思慮、量度一物以知其或爲本或爲末，由此而確定其所相關的事或爲始或爲終，這就是〈大學〉裡所謂的「格物致知」。

八、「自謙」

〈大學〉「誠意」一節說：「所謂誠其意者，毋自欺也。如惡惡臭，如好好色，此之謂自謙。」這裡「自謙」的「謙」字，鄭注說：「謙讀爲慊。慊之言厭也。厭讀爲黶；黶，閉藏貌也。」孔疏據此解釋道：

> 謙讀如慊，慊然安靜之貌。心雖好惡而口不言，應自然安靜也……以經義之理言，作謙退之字，既無謙退之事，故讀爲慊。慊，不滿之貌，故又讀爲厭。厭，自安靜也。云厭讀爲黶，黶爲黑色，知爲閉藏貌也。

你看，首先是「謙」讀如「慊」，然後「慊」又讀爲「厭」，接著「厭」又讀爲「黶」，這樣的解釋，犯了不當的「展轉假借」的錯誤；〔註53〕而且「閉藏、安靜」的意思跟「如惡惡臭，如好好色」的關聯也太單薄太牽強了。

另外，《說文解字》說：「謙，敬也。」這是個頗值得注意的解釋。但若據此而將「自謙」說成「自敬」，〔註54〕則似乎並不恰當。《說文》用「敬」字解釋「謙」，只能看作「敬」、「謙」兩字意義相近，「敬」字可以幫助我們了解「謙」字；但這並不就意味著「謙」字隨時可以等同於「敬」字。就「敬」這樣一個常見習用的語詞來說，實在沒有必要在行文時另外用一個「謙」字來代表它。而且，「自敬」的意思與「如惡惡臭，如好好色」也不相應。何況下文所接的「故君子必慎其獨也」一句已極爲明顯地表示了「敬」的意思，若此處「自謙」所說的還是「自敬」，那就是不必要的重複了。

朱注明快地斬斷鄭注所用的展轉假借，只保留了開頭部分：「謙讀爲慊」。於是「謙」就是「快也，足也」，而「自謙」就是「自快足於己」。〔註55〕這個意思相當於「自我肯認」，正好可以跟所承接的上文「毋自欺也。如惡惡臭，如好好色」相互呼應，應該是目前最可接受的解釋。

〔註53〕這是高明先生的評論。詳見高明：〈學庸研究之回顧與前瞻〉，頁430。

〔註54〕翟灝《四書考異》錄了宋代胡詮《禮記傳》的一段話，其中就提出這個說法。參見（清）抉經心室主人編：《皇朝五經彙解‧禮記》（台北：鼎文書局，1972影，改名爲《清儒禮記彙解》），卷268，頁6下。

〔註55〕朱子：《大學章句》，傳第七章注文。

九、「身有所忿懥，則不得其正」的「身」

朱注對此句採用了程子的說法：「『身有』之『身』當作『心』。」這個訂正乍看之下很有道理，因此很有說服力，至今仍被普遍接受。然而這是個不必要的訂正。首先，「忿懥」以及下文的「恐懼」、「好樂」、「憂患」等，雖然的的確確是「心」的一種活動狀態，但一般行文中提及此等活動狀態時「心」字其實並不一定會出現（好比「我心裡害怕」可以寫成「我害怕」）。其次，此句句首的「身」字，其實一方面做為「（心）有所忿懥」的前提、背景或場域（也就是說，所謂「心」基本上就是在「身」裡面活動的「心」），一方面又直接接到後面的「不得其正」，用以表示「（心）有所忿懥」的結果；不妨說，「有所忿懥」只是中間插入的一個條件子句而已。依此認識，我們可以保留原句意思，而將原句逐步地轉換改寫如下：

原　　句：身有所忿懥，則不得其正。

轉換 1：身：有所忿懥，則不得其正。

轉換 2：身：（心）有所忿懥，則不得其正。

轉換 3：（心）有所忿懥，則身不得其正。

轉換 4：（心）有所不正，則身不得其正。

可以看到，當轉換到第四個句子時，原句的條理就終於明朗地呈現了。原來它是完整地兼就「心、身」兩個層次的交相影響來說的。由於「心」在「身」中，而「心」又是「身」的核心、樞紐，所以當「心」這端有所不正（忿懥等等），那麼「身」那端也就跟著不正了。這個原本合理、完整的文意脈絡，卻差點就被朱子的改動所模糊掉了。總之，我們可以確定，此句的「身」字正確無誤，不需更改。清儒李光地說：〔註56〕

> 「身有」之「身」仍當從舊本。蓋「忿懥」之類，以心之發乎身者
> 言也，苟有失正之時，則其身之容貌、辭氣、顏色亦因之不得其正
> 矣。本文「正」字，因心之義以說身也。

他這段話其實已經把我前面的意思整個地說出來了。

〔註56〕李光地：《大學古本說》，《景印文淵閣四庫叢書》（台北：台灣商務印書館），第 210 冊（在其中的《榕村四書說》內），頁 6。

十、「絜矩之道」

鄭注把「絜矩之道」解釋為「挈法之道」：

> 絜，猶結也，挈也。矩，法也。君子有挈法之道，謂當執而行之，
> 動作不失之……絜矩之道，善持其所有，以恕於人耳。

「執持」一個恰當的「矩（法也）」來待人處事，這意思是很明朗很容易明白的。但朱注卻另外提了一個新解釋，說：

> 絜，度也。矩，所以為方也……君子必當因其所同，推以度物，使
> 彼我之間各得分願，則上下四旁均齊方正，而天下平矣……所操者
> 約，而所及者廣，此平天下之要道也。

鄭注是以「矩」字（釋為「法」）為重心，而「絜」字只是一個「挈」、「執持」的動作的意思而已；但朱注加重了「絜」字的份量（釋為「度」），而把「矩」字看作「度物……使均齊方正」的工具。表面上看，兩個解釋的整體效果似乎差不多。然而，從語法來看，鄭注沒什麼問題；而朱子的「絜矩」首先是「度（量度）矩」，接著卻變成了「（以矩）度物」，這當中的轉折就很勉強了。所以我們認為朱子的解釋並不恰當，「絜矩之道」仍應依照鄭注解釋為「挈（執）矩之道」。《墨子・天志上》說：

> 子墨子言曰：「我有天志，譬若輪人之有規，匠人之有矩。輪匠執其
> <u>規矩以度天下之方圓</u>，曰：『中者是也，不中者非也。』今天下之士
> 君子之書不可勝載，言語不可盡計，上說諸侯，下說列士，其於仁
> 義，則大相遠也。何以知之？曰：『<u>我得天下之明法以度之。</u>』」

這段話借「執持規矩」來譬喻「執持明法」，正是鄭注把〈大學〉「絜矩之道」理解為「挈（執）法之道」的一個有力的旁證。其實，這段話也顯明了一點：當我們把「絜矩之道」理解為「挈（執）矩之道」時，「以矩度物」的意思已經自然地包含在其中了。

第二章 〈大學〉文意脈絡與思想理路衡定

　　幾百年來，由於朱子《大學章句》的影響，讀書人心中普遍抱持著朱子的「綱領——條目」說，據以理解〈大學〉全文並據以詮釋〈大學〉思想。這點就連尊用古本的陽明學派也不例外，正如對〈大學〉改本歷史作過全面研究的李紀祥所說：〔註1〕

> 　　對古本之研究，既在改本之後，當然無法避免程朱對大學看法的影響。反對者亦然，即使反對最著名者如王陽明，對格物致知之解釋雖完全不同於朱子，但它提倡古本，對古本結構之分析，仍然不能逃離朱子（原注：綱目）的影子。

然而，基於底下的討論，我要指出，朱子的「綱領——條目」說並不符合〈大學〉的文意，以「綱領——條目」說為基點的任何詮釋一定會或多或少地脫離〈大學〉思想的原義。不妨說，朱子的「綱領——條目」說就是長久以來讓學者誤解〈大學〉思想的重要原因之一。底下，我先說明朱子「綱領——條目」說對〈大學〉原文的誤讀，然後跳出這個觀點徹底地重讀〈大學〉——重新分段、重新辨識其文意脈絡、重新釐清其思想理路，作為後面進一步討論〈大學〉思想的一個全新的起點。

第一節　朱子「綱領——條目」說對〈大學〉的誤讀

　　朱子在《大學章句》裡針對「明明德、新民、止於至善」三項說：「此三

〔註1〕李紀祥：《兩宋以來大學改本之研究》（台北：台灣學生書局，1988），頁30。

者，大學之綱領也。」，又針對「格物、致知、誠意、正心、修身、齊家、治國、平天下」八項說：「此八者，大學之條目也。」。然後，他解釋所謂「綱領」、「條目」二者之間的關係說：〔註2〕

> 修身以上，明明德之事也。齊家以下，新民之事也。物格知至，則知所止矣。意誠以下，則皆得所止之序也。

這就是所謂「三綱領」、「八條目」二詞的來源與基本意涵了。應該指出的是，朱子本人所用的只不過是「綱領」和「條目」二詞。〔註3〕至於向來所常見的「三綱領」、「八條目」二詞，則是後人為了一併表明「綱領」有三項以及「條目」有八項，各增一字而成的。其中「三綱領」一詞頗有語病，還不如單稱「綱領」的好。因為字面上「三綱領」容易被理解為「三個綱領」，但依朱子的原意，卻是「明明德」、「新民」、「止於至善」三項整個合起來作為八條目的一個綱領。

朱子對這「綱領——條目」說的具體說明另見於他的《大學或問》中：〔註4〕

> ……大抵大學一篇之指，總而言之不出乎八事，而八事之要總而言之又不出乎此三者；此愚所以斷然以為大學之綱領無疑也。

> ……此言大學之序其詳如此，蓋綱領之條目也。格物、致知、誠意、正心、修身者，明明德之事也；齊家、治國、平天下者，新民之事也。格物、致知，所以求知至善之所在；自誠意以至於平天下，所以求得夫至善而止之也。

又見於《朱子語類》：〔註5〕

> 大學「在明明德，在新民，在止於至善」，此三個是大綱，做工夫全在此三句內……後面又分析開八件：致知至修身五件（按：此五件自然應包括「格物」在內），是明明德事；齊家至平天下三件，是新民事。至善只是做得恰好……

〔註2〕 朱子：《四書章句集注》（台北：鵝湖出版社，1984影印點校本），頁4。

〔註3〕 岑溢成在《大學義理疏解》（台北：鵝湖出版社，1985修訂再版），頁36、45中已經指出這一點。

〔註4〕 轉引自趙順孫：《四書纂疏》（台北：新興書局，1972影印1944~47復性書院刻本），頁17、19。

〔註5〕 宋·黎靖德編：《朱子語類》（台北：華世出版社，新校標點本，1987台一版），第一冊，頁308、309。

> 格物、致知，是求知其所止；誠意、正心、修身、齊家、治國、平
> 天下，是求得其所止。物格、知至，是知所止；意誠、心正、身修、
> 家齊、國治、天下平，是得其所止……

檢視以上引文，有兩個錯誤可以指出來——

第一，正如第一章第三節所討論過的，「明明德」原是為政者向外彰明美好德行的意思，因此它跟「新民」一樣都是「修身」以後的外王之事，一樣都不屬於格物到修身這一段。既然這樣，那麼明明德、新民兩項跟八條目之間首尾整齊的對應關係也就不成立了。

第二，一方面，朱子將「止於至善」做為「明明德」、「新民」兩項的內在要求與終極歸趣。另一方面，他又將〈大學〉原文中「知止而后有定，定而后能靜……慮而后能得」的「知止」和「得」分別解釋為「知其所止」和「得其所止」〔註6〕；藉由「求知其所止」、「求得其所止」兩個意思，將「止於至善」分別對應到「格物、致知」（相當於「求知其所止」）和「誠意、正心、修身、齊家、治國、平天下」（相當於「求得其所止」）去。於是，基於上述這兩方面，他又將「止於至善」也看作關聯著全部八條目的綱領了。然而，將「知止」解釋為「知其所止」，以及將「慮而后能得」的「得」解釋為「得其所止」，都是誤讀文意然後又錯誤地「增字解經」的結果，已經大幅地偏離〈大學〉原義了。事實上，「止於至善」是「明明德」、「新民」的實踐結果，因此一樣屬於外王之事（詳下節），不能跟八條目的全部內容兩相對應。

這樣看來，朱子「綱領——條目」說的實質內容（也就是把「明明德」等三項說成「八事之要」的「綱領」，把「格物」等八事看做「明明德」三項所「分析開」而得的「條目」）並不符合〈大學〉原義；繼續使用他這一套「綱領——條目」說去探究〈大學〉思想，是無法得到〈大學〉思想的真相的。

根據下節的討論，我們會發現，若真要找出〈大學〉原文中有什麼「綱領」、「條目」的話，那麼，「格物」等八項的全體，便是〈大學〉裡一道首尾全該的綱領（而「格物」八項自然就是這個綱領的各個條目），除此之外，〈大學〉裡並沒有另外一個通貫始終、兼該首尾的綱領。

〔註6〕「得」解釋為「得其所止」，又見於朱子：《四書章句集注》，頁3。

第二節 〈大學〉的分段和前三段的文意脈絡

其實，朱子的「綱領——條目」說之所以會產生，以及居然會長久地對後來的改本派、古本派學者產生巨大的影響力，這跟朱子以來學者們對〈大學〉原文前三段（即「大學之道……止於至善」、「知止而后有定……此謂知之至也」和「所謂誠其意者……此謂知本」三段，詳見下文）文意脈絡的誤讀是連結在一起而互為因果的。在本節裡，我不取改本派的「錯簡」說（理由參見第一章第一節），也屏棄一般習用的「綱領——條目」說的理解模式（理由參見上節），要對〈大學〉原本（一般所謂的「古本」）前三段的文意脈絡，做一個徹底的重讀。

一、〈大學〉原文的分段

歷來主張〈大學〉無闕文無錯簡不須改訂的學者，為了解說方便，多有對〈大學〉原文做出分章分段的（按：古人多稱「章」，今人改稱「段」）。據李紀祥的考察，最普遍的分法，是南宋錢時、清儒李光地、今人高明先生等十幾家所分的以下這六章（段）：

　　一、「大學之道……此謂知本，此謂知之至也。」

　　二、「所謂誠其意者……《詩》曰……大謂民志，此謂知本。」

　　三、「所謂修身在正其心者……」

　　四、「所謂齊其家在修其身者……」

　　五、「所謂治國必先齊其家者……」

　　六、「所謂平天下在治其國者……」

而除此之外，又有將上述分法中的第一章，或第二章，或第一、二章再進一步分章而成的七章、八章、十三章的分法。值得注意的是，以上各家分法的末四章（即「所謂修身在正其心者」以後的部份）內容全同；而末四章之前，各家分合意見不一的部分，恰好就是各種改本所費心改訂的部分，也大致上都依照改本派「綱領——條目」說的理念來分章。換句話說，歷來各種對於〈大學〉原本的分章分段，「實不啻是另一種情形下的改本」。〔註7〕

正因為這樣，所以這兒要特別提醒讀者的是，古本派學者的「回歸古本」

〔註7〕 此句引文暨全段所述，參見李紀祥：《兩宋以來大學改本之研究》，頁21～30。

並不直接就等於「回歸本義」。既然古本派諸家都一樣地服膺「綱領——條目」說，那麼他們的分章分段和對文意脈絡的解讀就都不可盡信而需要重新斟酌了。底下，我多少參考了古本派諸家的分章，但是跳出「綱領——條目」說的框架，提出一個在精神上不同於前述各家的分段來：

> 一、「大學之道，在明明德，在新民，在止於至善。」

> 二、「知止而后有定……此謂知本，此謂知之至也。」

> 三、「所謂誠其意者……《詩》曰……大畏民志，此謂知本。」

> 四、「所謂修身在正其心者……修身在正其心。」

> 五、「所謂齊其家在修其身者……不可以齊其家。」

> 六、「所謂治國必先齊其家者……治國在齊其家。」

> 七、「所謂平天下在治其國者……以義爲利也。」

這個分段跟前述李光地等人所分的六章非常接近，只不過將其中第一章的首句再分出來獨立爲一段而已。這樣分段的用意（主要是指前三段，因爲後四段一般並無異議），我將在底下繼續說明。要補充的一點是，這裡所謂的「段」，指的是一個個較大的「意義段」，它有可能是由幾個「自然段」（語意完足自成一段，但只是整個意義脈絡的一個小環節，一般稱做「自然段」）結合而成的。

二、〈大學〉第一段的文意脈絡

　　〈大學〉的第一段，鮮明地揭示大學裡所主張所弘揚的內容，全部只有一個句子（文句前的數字表示段落編號，下同。）：

> （1）大學之道，在明明德，在新民，在止於至善。

前面（第一章第三節）已經提過，這個「大學之道」指的是大學裏頭所傳授所教導的爲政之道。因此這句話的意思應該是：大學裡所主張所傳授的爲政之道，是施政者要主動向人民彰明自身光明的德行，要設法教化人民、更新人民的素質，要讓整個家國天下達到至善的狀態。

　　不妨說，這一段只是說出大學裡所主張所弘揚的爲政之道的基本理念（只就外王實踐而言的基本理念，也就是施政的基本理念）；至於全面地談論此「大學之道」要如何認識要如何實踐、實現的全幅歷程，那是在後面的八條目中才會說到的。

三、〈大學〉第二段的文意脈絡

第二段從「知止而后有定」起始，到「此謂知本，此謂知之至也」為止，談的正是如何「知」大學之道，以及所「知」的大學之道的根本內容是什麼。首先就是有名的「定靜安慮得」這一句（段落編號後面的英文字母表示該段內各小段的序號）：

（2a）知止而后有定，定而后能靜，靜而后能安，安而后能慮，慮而后能得。

一開始的「知止」是呼應上一段末尾的「止於至善」來說的；也可以說是呼應「明明德、新民、止於至善」三項（這是「大學之道」的內涵和目標）來說的。不過只說個「知止」，那就暫時跳出「大學之道」的脈絡，而就著更基本更一般的層次來談了。人生能夠「知止」（知道了未來該追求什麼，終極目標是什麼），心中清清楚楚有個標的，有個著落，便能寧靜安穩地「慮」，便能「慮」而有所「得」了。重要的是，這「得」是因「慮」而來的「得」，也就是關於某一種「知」的「獲得」（朱子把這兒的「得」說成「得其所止」，那卻已經是關於某種實踐某種行動的結果的「得」，說得太快了），所以底下馬上就具體說明到底所「慮」的以及所「知」的究竟是什麼東西。

（2b）物有本末，事有終始，知所先後，則近道矣。

人活在萬事萬物中，面對種種問題的挑戰，他必須能夠衡量各種事物的價值輕重。一「物」的價值也許是「本」也許是「末」，這就決定了跟它有關的一「事」應該屬於（或安排在）「始」還是「終」。能對一一的「物」知道它是「本」還是「末」，也就能夠對一一的「事」「知所先後（始終）」；〔註8〕然後就可據以展開「道」的實踐而離「道」不遠了。這「物有本末」一句接在「慮而後能得」的後面，正是為了說出所「慮」的對象為「物」，以及所「慮」而「得」的東西為「本末／先後」（就「事」來說是「先後」，就「物」來說就是「本末」）。「知所先後」則「近道」，可見所「得」所「知」的內容（事物之本末先後）恰就是關乎「道」的內容；因此只要根據這樣的「知」，加上實踐，就可以實現「道」了。

以上已經說出如何「知」道的方法（也就是「慮」）和所得的「知」的基本性質（也就是「物」的價值上的「本末」，以及相關的「事」的實踐上的「終

────────────

〔註8〕對這一句的解釋，可另參見第四章的第一節和第二節。

始」)。但那是暫時跳出「大學之道」,就著更基本、更一般的「道」來說的。
底下就再度回到「大學之道」,就著大學之道的三個基本理念「明明德、新民、
止於至善」(但文中只舉「明明德」一項做為代表),來具體地說明所「知」
的內容是什麼。首先說的是對「大學之道」相關各件「事」的「終始(先後)」
的「知」:

> (2c)古之欲明明德於天下者,先治其國;欲治其國者,先齊其家;
> 欲齊其家者,先修其身;欲修其身者,先正其心;欲正其心者,先
> 誠其意;欲誠其意者,先致其知;致知在格物。物格而后知至,知
> 至而后意誠,意誠而后心正,心正而后身修,身修而后家齊,家齊
> 而后國治,國治而后天下平。

這便是「大學之道」由認識到實踐的八件事(所謂「八條目」)的先後步驟。
值得注意的是,前面提到的「慮」與「得」恰好就是其中前兩項的「格物」
與「致知」。〔註9〕

接下來便是藉著這具體的八件事(也就是以這八件事為例),說明什麼是
「知本」,以及「知本」的重要和必要:

> (2d)自天子以至於庶人,壹是皆以修身為本。其本亂而末治者,
> 否矣。其所厚者薄,而其所薄者厚,未之有也。此謂知本,此謂知
> 之至也。

這裡的「知本」就相當於「知本末」,可看作「知本末」的省略。末句的「此
謂知本,此謂知之至也」是個很重要很寶貴(卻被朱子忽略了)的線索,它
正是要告訴我們:「知本末」便就是前一個小段中「物格而后知至」的「知至」,
也就是「致知」的實現。到這裡,我們終於可以看出來,〈大學〉第二段裡頭
實實在在蘊含著一個連貫的理路:從「知止……能慮……能得」開始,經過
「知所先後」和「……致知在格物。物格而后知至……」,一直到「此謂知本,
此謂知之至也」,恰恰是一個以求「知」為中心的緊密而完整的論述。

由以上說明可以知道,原來,這第二段的一整段,其實都是在解釋「格

〔註9〕這當中的關聯,比朱子稍早的林之奇就曾提出來了,朱子以後的許多改本裡
也有相似的看法。詳見葉國良,〈介紹宋儒林之奇的大學改本〉,《幼獅學誌》
18:4,1985年10月;李紀祥,《兩宋以來大學改本之研究》,頁336~348。
又,宋儒黎立武也已經說過:「格物即『物有本末』之物,致知即『知所先後』
之知。」見《大學本旨》,《叢書集成新編》(台北:新文豐出版公司),冊17,
頁408。

物致知」的呢；只不過在解釋的過程裡，一邊把八條目逐項逐項地帶出來，作爲後面各個大段（討論各個條目）的預備，結果反而像是以「八條目」爲重點爲主體了。這般簡筆淡寫的古樸文句，裡頭蘊涵著綿密曲折、處處呼應的文意脈絡，難怪要造成宋代以來許多學者們的持續誤讀了！的確，在原文中，「能慮能得」與「知所先後」的關係，以及兩者與「格物致知」的關係，都只是含蓄而平淡地說出（「此謂知本，此謂知之至也」），並不像後代議論文那般明晰、緊切地鄭重述說；這就難怪朱子要誤以爲經文有闕，要煞費苦心地另作「格致補傳」了。

四、〈大學〉第三段的文意脈絡

這一段是論八條目中「誠意」一目的，全段篇幅僅次於最長的「治國平天下」一段。由於「誠意」在八條目裡具有獨特的、關鍵的地位，所以本段除了前面第一小段（佔全段三分之一左右）直接討論「誠意」外，後面四個小段（佔全段三分之二以上）就是從「誠意」出發而涉及八條目全體以及施政的三個基本理念（「明明德」等）的論述（詳見下文）。許多〈大學〉改本的作者把後面四個小段看作錯簡，將它們移出去作爲一章一章獨立的「傳文」，這其實不是對〈大學〉的改正和還原，反而是對〈大學〉原義的一大誤讀一大扭曲。我們先看第一小段：

（3a）所謂誠其意者，毋自欺也。如惡惡臭，如好好色，此之謂自謙。故君子必愼其獨也。小人則閒居爲不善，無所不至，見君子而後厭然揜其不善而著其善。人之視己，如見其肺肝然，則何益矣？此謂誠於中，形於外。故君子必愼其獨也。曾子曰：「十目所視，十手所指，其嚴乎！」富潤屋，德潤身，心廣體胖，故君子必誠其意。

這部分是本段的主體，它獨立地論說「誠意」一目，文意脈絡比較沒有爭議，我們往下看第二小段：

（3b）《詩》云：「瞻彼淇澳，菉竹猗猗。有斐君子，如切如磋，如琢如磨。瑟兮僩兮，赫兮喧兮。有斐君子，終不可諠兮。」「如切如磋」者，道學也。「如琢如磨」者，自修也。「瑟兮僩兮」者，恂慄也。「赫兮喧兮」者，威儀也。「有斐君子終不可諠兮」者，道盛德至善，民之不能忘也。詩云：「於戲！前王不忘。」君子賢其賢而親其親，小人樂其樂而利其利，此以沒世不忘也。

這裡是透過對《詩經‧衛風‧淇奧》的詮釋，對八條目作了個全幅的描寫（〈淇奧〉當然不是為〈大學〉八條目而作的，這純粹是〈大學〉作者的借用和寄寓），只不過「齊家、治國、平天下」三個條目改從施政的三個基本理念（「明明德」等）來發揮而已。值得注意的是，文中對各詩句的詮釋，恰好對應著格、致、誠、正、修、齊、治、平各項：

（1）「如切如磋」解釋作「學」，這就相當於「格物致知」；

（2）「如琢如磨」解釋作「自修」，這就相當於「誠意」；

（3）「瑟兮僴兮」解釋作「恂慄」，這就相當於「正心」；

（4）「赫兮喧兮」解釋作「威儀」，這就相當於「修身」；

（5）「有斐君子，終不可諠兮」解釋作「盛德至善，民之不能忘也」，這就相當於「明明德、新民、止於至善」的實現，也就是相當於「齊家、治國、平天下」的完成（在家、國、天下做到「明明德、新民、止於至善」，所以人民感念不已）。

　　問題是，為什麼「誠意」這個大段裡要加進這樣一個涵蓋全程的描寫呢？清儒李光地說得好：〔註10〕

　　　　「學」者格物致知之事，誠意之端也；「自脩」者謹獨之事，誠意之實也；「恂慄、威儀」者心正、身修之事，誠意之驗也；「民不能忘」，則齊治均平之機，誠意之應也。蓋誠意、心正、身修則德盛而善至，至於「民不能忘」而民可新矣。

原來「格物致知」（去學，去求知）是「誠意」的開端（不過這樣說不太恰當，應該說是「誠意」的前提、基礎、根據），而從「正心」到「平天下」（都是「行」的部分）都是「誠意」一步步向外跨出去的落實和完成。也可以說，「誠意」恰恰是根據前面「知至（知本）」的結果來誠意，來開啟後續的實踐的。因此「誠意」是依「知」起「行」的第一步（這正是孔穎達所謂的「卻本明德所由，先從誠意為始。」〔註11〕），在八條目中具有關鍵的地位。正因為這樣，作者便在這裡暫停一下，前瞻後顧一番，對八條目做個整體的討論了。接下來——

　　　　（3c）〈康誥〉曰：「克明德。」〈太甲〉曰：「顧諟天之明命。」〈帝典〉曰：「克明峻德。」皆自明也。

〔註10〕李光地：《大學舊本私記》，《大學彙函》（中國子學名著集成編印基金會影印清乾隆間鈔本，收入《中國子學名著集成》冊12），頁513。

〔註11〕這是孔穎達在〈大學〉篇名底下的疏語。

（3d）湯之〈盤銘〉曰：「苟日新，日日新，又日新。」〈康誥〉曰：「作新民。」《詩》曰：「周雖舊邦，其命維新。」是故君子無所不用其極。

（3e）《詩》云：「邦畿千里，維民所止。」《詩》云：「緡蠻黃鳥，止於丘隅。」子曰：「於止，知其所止，可以人而不如鳥乎？」《詩》云：「穆穆文王，於緝熙敬止。」為人君，止於仁；為人臣，止於敬；為人子，止於孝；為人父，止於慈；與國人交，止於信。子曰：「聽訟，吾猶人也。必也使無訟乎！」無情者不得盡其辭，大畏民志。此謂知本。

這三個小段，朱子改本（以及後繼的許多改本）誤以為是專門解說「三綱領」和「本末」的傳文。其實它們仍然屬於「誠意」這個大段，它們只不過是站在「誠意」的立場，進一步強調「明明德」三項應該本著「誠意」來進行罷了：

（1）首先 3c 小段要說的是，對於「明明德」的實踐，是必須當作天職一般（「顧諟天之明命」），自己真誠、敬慎地去「明」（顯明、彰明）的（鄭注說「皆『自』明明德也」，孔疏說「意誠則能明己之德」，他們都說對了），不可以只當作一種政治手段而假手他人。〔註12〕

（2）其次 3d 小段要說的是，對於「新民」的實踐也一樣要發乎誠意盡心盡力地去做，絲毫不能打折扣。所謂「日新又新」、「無所不用其極」其實就是要表明「貫徹誠意」、「誠意到底」的這個意思。

（3）最後 3e 小段要說的是，所謂「止於至善」也必須「誠意」地去實踐，不可以只是裝扮粉飾。在實踐的時候，首先當然必須切實而負責地「知其所止」，也就是真正明白各自職分、職責上所應達到的標準（例如「止於仁」、「止於敬」、「止於孝」、「止於慈」、「止於信」、「無訟」等，這些一方面是「知本」所涵有的內容，一方面也是所謂「至善」情境的逐項標準），然後又必須誠心誠意去做到（所引述的「於緝熙敬止」一句就是要強調「誠意恭敬地止於至善」的意思）。這裡，之所以要從「知其所止」講起，恰恰也是為了表明「誠意」的真實不虛的。值得注意的是，整個小段最後以「此謂

〔註12〕宋儒黎立武已經看出這點，他說：「……終之曰『皆自明也』，然則人之明明德者可不致其力乎！惟求諸『自』而已，『自』即慎獨之謂。」見《大學本旨》，《叢書集成新編》，冊 17，頁 408。

知本」作結，則是要轉個彎再度扣回去強調說，果眞「止於至善」的實踐能明白澄澈、盡心盡力達到這樣的地步，那就是眞正地以「誠意」爲本了，而那也就可以算是「知本」了（這樣子表達，眞是渾沌古樸、圓轉靈動而又隱微深密，難怪後代學者一旦心思有隔就難以窺見了）。這個思路恰恰跟前面2d 小段的「自天子以至於庶人，壹是皆以修身爲本……此謂知本，此謂知之至也。」相似。

　　本段（此指第三大段，也就是「誠意」全段）就在這裡結束。值得注意的是，跟後面各段的寫法相對比，本段表現了較多的獨立性；而首句的形式也自成一格（「所謂誠其意者」），與後面各段（「所謂修身在正其心者……」等）都不相同。由此很可看出「誠意」一項在八條目中的獨特地位，正如李光地所說：〔註13〕

> 此章（按：即本書所謂「段」）前無「誠意在致其知」之文，後無「正心在誠其意」之釋；章首又直言「所謂誠其意者」，而於前後無所連引。故知此章釋體獨於眾條不同，蓋以「誠意」爲一篇之要。

總之，「誠意」一段除了開頭部分集中地闡論「誠意」外，其餘部分也是在「廣明誠意之事」（孔疏語），並非所謂的錯簡。只有如此地了解此段文意，才不致於錯用了〈大學〉本文裡的寶貴材料，也才能對〈大學〉思想的各個部分做一個如實的思考和詮釋。

第三節　〈大學〉思想理路衡定

　　在前面兩節的討論之後，我們已能跳出舊說，根據〈大學〉眞正的文意脈絡，對〈大學〉的思想理路做一個全新的理解了。爲了對照方便，底下先將朱子、王陽明《大學》詮釋裡的思想理路整理一下，然後再將〈大學〉裡原有的思想理路呈現出來。

一、朱子《大學》詮釋的思想理路

　　朱子《大學》詮釋裡的思想理路，大部分在本章的第一節提過了。可以補充的是，他還曾說：「格物者，知之至也；誠意者，行之始也。」〔註14〕，

〔註13〕李光地：《大學舊本私記》，頁 518。
〔註14〕宋・黎靖德編：《朱子語類》，第一冊，頁 305。

這便從「知、行」的角度將八條目分為兩個階段。另外，他又曾提出所謂的「補敬說」：〔註15〕

> 今人不曾做得小學工夫，一旦學大學，是以無下手處。今且當自持敬始，使端的純一靜專，然後能致知格物。

這就在他的《大學》思想理路裡，添加了做為「格物致知」的預備工夫的一個「持敬」說了（詳見第四章第三節）。綜合所有這些說法，我們可以將朱子《大學》詮釋裡的思想理路圖解如下（圖2-1）：〔註16〕

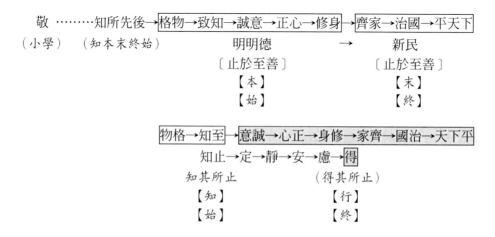

圖2-1　朱子《大學》詮釋的思想理路圖

上半截係就綱領與條目的對應來看，下半截係就「知止、得止」與八條目的對應來看

圖中的「敬（小學）」以虛線跟後面連接，表示這是《大學》原文所無，是朱子根據他詮釋的需要所補進去的。而因為「意誠」、「心正」、「身修」……等六項便是「慮而後能得」的一步步完成，也就是一步步的「得其所止」，所以這六項跟「得」字一起加上灰底，以便於識別。

二、王陽明《大學》詮釋的思想理路

王陽明《大學》詮釋的思想理路，跟朱子有極大的不同，他說：〔註17〕

〔註15〕此為朱子語錄，轉引自趙順孫：《四書纂疏》，頁13。
〔註16〕《朱子語類》卷十五的最後（第一冊，頁314）已有類似的圖，但不夠完整。
〔註17〕王陽明：《大學古本問》，百陵學山本，收入《大學彙函》（中國子學名著集成編印基金會）。

明明德者，立其天地萬物一體之體也。親民者，達其天地萬物一體之用也。故明明德必在於親民，而親民乃所以明其明德也……若知明明德以親其民，而親民以明其明德，則明德、親民焉可析而爲兩乎？……明德、親民之本爲一事……

止至善之於明德、親民也，猶之規矩之於方圓也……

蓋身、心、意、知、物者，是其工夫所用之條理，雖亦各有其所，而其實只是一物。格、致、誠、正、修者，是其條理所用之工夫，雖亦皆有其名，而其實只是一事。

致知云者，非若後儒所謂充廣其知識之謂也，致吾心之良知焉耳……於良知所知之善惡者，無不誠好而誠惡之，則不自欺其良知，而意可誠也已……意所在之事，謂之物。格者，正也，正其不正以歸於正之謂也……於良知所知之善者，即其意之所在之物而實爲之，無有乎不盡……然後物無不格……

又說：〔註18〕

自格物、致知至平天下，只是一個明明德。雖親民亦明德事也。明德是此心之德，即是仁。「仁者以天地萬物爲一體」，使有一物失所，便是吾仁有未盡處。

又說：〔註19〕

至善者性也。性元無一毫之惡，故曰至善。止之，是復其本然而已。

又說：〔註20〕

大學工夫即是明明德。明明德只是個誠意。誠意的工夫只是格物、致知……大學工夫只是誠意。誠意之極便是至善。工夫總是一般。

歸納上面這許多引文可以發現，在王陽明心目中「明明德」、「親民」、「止於至善」和八條目等都「只是一事」。因此，王陽明《大學》詮釋的思想理路是這樣的：

〔註18〕陳榮捷：《王陽明傳習錄詳註集評》（台北：台灣學生書局，1983），頁112。
〔註19〕陳榮捷：《王陽明傳習錄詳註集評》，頁113。
〔註20〕陳榮捷：《王陽明傳習錄詳註集評》，頁154。

＝格物　　（正「意之所在之事」；也就是讓心念擺正，並貫徹之）

　　　　　　（依良知所知之善、惡，即其意之所在之事而實爲之、去之）

＝致知　　（即致良知，也就是良知的呈現、實現）

＝誠意　　（於良知所知之善惡者無不誠好之誠惡之）

＝正心

＝修身　　（當「意之所在之事」關乎修身時誠意便是修身）

＝齊家　　（當「意之所在之事」關乎齊家時誠意便是齊家）

＝治國　　（當「意之所在之事」關乎治國時誠意便是治國）

＝平天下　（當「意之所在之事」關乎平天下時誠意便是平天下）

＝明明德　（立其天地萬物一體之體也……必在於親民）

＝親民　　（達其天地萬物一體之用也……乃所以明其明德也）

＝止於至善（正「意之所在之事」；也就是讓心念擺正，並貫徹之）

圖2－2　王陽明《大學》詮釋的思想理路圖

各項之前的等號，表示它們彼此都「只是一事」。

總之，圖中的八條目、三綱領各項都「只是一事」，只不過側重的層次、面向各有不同罷了，這也是王陽明易簡之教所當有的結果。

以上是朱子、王陽明二人《大學》詮釋的思想理路。應該說，這是宋明以來理解《大學》最主要的兩種方式。然而，由於二人對語詞訓詁和文意脈絡的理解都有偏失，他們基於這偏失所掌握的《大學》思想理路便都不合〈大學〉的原文與原義，這就是我們必須另外再去尋找、描繪合乎原文原義的〈大學〉思想理路的原因。

三、〈大學〉原本原義的思想理路

根據前面各章節的討論，一個力求回歸原文原義，而完全不同於朱子、王陽明觀點的〈大學〉思想理路其實已經明朗呈現了。我現在再用圖解的方式將它呈現如下：

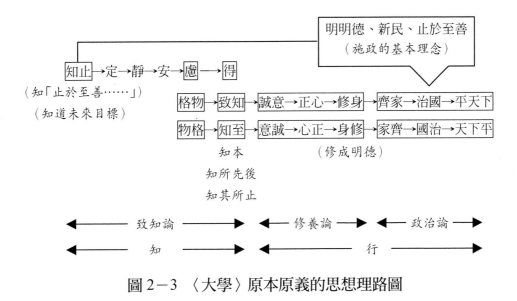

圖 2－3　〈大學〉原本原義的思想理路圖

　　圖中比較沒問題的是，「格物、致知」一段屬〈大學〉的致知論（這兒所謂「致知論」的「致知」取其在〈大學〉中的本義，與朱子、王陽明的用法有別），「誠意、正心、修身」一段屬〈大學〉的修養論，「齊家、治國、平天下」一段屬〈大學〉的政治論。比較需要注意的則是，首先，圖中只有八條目是唯一通貫首尾的主軸；要說綱領，這便是唯一的綱領了。其次，「知止」與「定」、「靜」、「安」是「格物致知」的前提和預備；「慮」與「得」則分別等於「格物」與「致知」；從「知止」起一直到「能慮能得」都屬致知論；不過，「知止」只是致知的起點，「知至」才是致知的完成，兩者不可等同相混。最後，「明明德」、「新民」、「止於至善」三項是施政的基本理念，只跟「齊家、治國、平天下」直接相關。

　　後面各章就依這樣的思想理路做進一步的討論。第三章闡明有關〈大學〉思想性格的問題，第四章到第六章分別闡明有關致知論、修養論、政治論的問題，最後是結論。

第三章 〈大學〉思想性格衡定

　　為了如實了解〈大學〉思想的原義，我已經在前兩章做了外圍問題的考察和文意脈絡、思想理路的釐清。然而在正式詮釋〈大學〉思想的各個層面之前，我們仍須辨明一個極為關鍵的問題：究竟〈大學〉的思想性格為何？是孟學還是荀學？是二者的綜合還是其他的什麼情況？總之，做為經典詮釋時不可能缺席甚至是必要的「前理解」，我們用來詮釋〈大學〉思想最相應的一個思想典範是什麼？這個問題的答案，將影響我們詮釋〈大學〉思想的方向，也將影響所呈現的〈大學〉思想的整體風貌。雖然歷代儒者不曾正式談到這個問題，但這卻是當代學者絕不可忽略的問題。

　　從思想史的眼光來看，任何思想的表達，一方面固然是作者在時代環境中發揮創造力的結果，另一方面也必定是它的先驅學說甚至整個思想傳統所醞釀、影響下的產物。既然〈大學〉作於荀子以後漢初以前，而且它只是一個針對特定主題的單篇作品，那麼在它前面不久（戰國中晚期）的兩個格局完整但彼此相異的儒家思想典範——孟學和荀學——就都有可能成為它的思想來源和內容參照，並且據以形成它的思想性格。為了方便對照，底下我們先將孟學、荀學這兩個思想典範做個對比的考察，再來討論〈大學〉思想性格的問題。

第一節　孟學與荀學——戰國儒學的兩個基本典範

　　孔子思想到了戰國時代，由孟子（約 390～305 B.C.）和荀子（約 340～245 B.C.）[註1] 二人分別發展為不同性格的兩種型態，成為此時期甚至整個

〔註1〕孟子、荀子年代據錢穆：《先秦諸子繫年》（台北：東大圖書公司，1986 東大初版），頁 617、619。

儒家思想史上最為重要的兩個基本典範。如上所述，這兩個基本典範都有可能是〈大學〉思想學說的來源和參照；因此我在本節裡扼要地整理了一下這兩個基本典範。應該說明的是，第一，為了後面各章比對與參照的方便，我這兒多少遷就了〈大學〉的思想內容，分別從「心性論與天人關係論」、「致知論」、「修養論」、「政治論」幾個方面（後三者正是〈大學〉思想的主要課題）來描繪孟、荀二人的思想。第二，這裡所謂「致知論」的「致知」，指的只是「去求得、去獲得某一種知」的意思，這也是依〈大學〉「致知」一詞的本義（參見第一章第三節）而來的用法。

一、性善論立場的孟子思想

（一）心性論與天人關係論

孟子思想的基礎是他的性善論，其思想性格也完全由這性善論所決定。應注意的是，孟子所謂「性」有他自己界定下特定的範圍，他說：[註2]

> 口之於味也，目之於色也，耳之於聲也，鼻之於臭也，四肢之於安佚也，性也，有命焉，君子不謂性也。

眼耳口鼻四肢等感官的本能欲求，這些一般被認為是人性的部分，卻都不在他的「性」的範圍內。孟子所謂的「性」特指「人之異於禽獸者幾希」（〈離婁下〉）的部分；他認為人除了與其他動物一樣天生具有眼耳鼻口四肢等感官的本能欲求外，還特別地天生內在具有著「仁義禮智」這樣的東西（「仁義禮智，非由外鑠我也，我固有之也。」，〈告子上〉），這才是他所認為的人之所以為人的「性」，所以他說：「君子所性，仁義禮智根於心。」（〈盡心上〉），又說：

> 仁之於父子也，義之於君臣也，禮之於賓主也，智之於賢者也……
> 命也，有性焉，君子不謂命也。（〈盡心下〉24）

也就是說，真正說來，仁義禮智並非一般所以為的來自體制、社會的外在的限定，而是人性所本有的內容；而這樣的人性內容，是一切善行的根源（「乃若其情，則可以為善矣，乃所謂善也。」，〈告子上〉），這就是「性善」論的基本觀點。

關於「心」，孟子認為，若非受環境影響而「陷溺其心」，每個人的心便

〔註2〕《孟子・盡心下》24，楊伯峻：《孟子譯注》（台北：河洛出版社 1977 台影印版）頁333。按：以下引《孟子》原則上只隨文標出篇目。

一樣地都是他本性的自然作用，都一樣毫不勉強地就向著理義（「心之所同然者何也？謂理也，義也……理義之悅我心，猶芻豢之悅我口。」，〈告子上〉）；若非有意擱置不去發揮（「不能盡其才」），則每個人的心都會一樣地具有他本性裡的仁義禮智，並且都至少可以呈露萌發其端緒（「四端」）：

> 惻隱之心，人皆有之；羞惡之心，人皆有之；恭敬之心，人皆有之；
> 是非之心，人皆有之。惻隱之心，仁也；羞惡之心，義也；恭敬之
> 心，禮也；是非之心，智也……或相倍徙而無算者，不能盡其才者
> 也。（〈告子上〉）6

> 惻隱之心，仁之端也；羞惡之心，義之端也；辭讓之心，禮之端也；
> 是非之心，智之端也。人之有四端也，猶其有四體也。（〈公孫丑〉6）

也就是說，在孟子，不止性是善，心也是善的。可以說，在不受干擾的狀態下，心與性根本就是一而二、二而一的。而對於這樣自然呈現本性的心，孟子有時候會特別再稱之為「良心」、「本心」（〈告子上〉），這是為了跟現實境況下一般人陷溺的心區別開來的緣故。

關於天人關係，孟子認為人所同然的善的本性、本心是「天之降才」與「天之所與我者」（〈告子上〉）；並把「仁」稱為「天之尊爵」，把「仁義忠信，樂善不倦」稱為「天爵」（〈公孫丑上〉、〈告子上〉）。這也就是說，人性是天所賦予的，人性的善上同於天德。由此而更進一步，孟子又肯定天、人是可以相通合一的；譬如他認為是天（而不是堯）把天下授與舜的——天雖「不言」，卻會透過事件的結果自然地呈現意義；又如他認為一個成熟的君子便會有「上下與天地同流」和「仰不愧於天，俯不怍於人」的境界等（〈萬章上〉、〈盡心上〉）。這應該是中國哲學史上「天人相通」意義的天人合一思想的正式提出。〔註3〕

（二）致知論

在性善論的前提下，孟子的致知論基本上就是對自己本性裡頭那天賦的善的覺知了。孟子認為，心在本然狀態（「良心」、「本心」）下，毋須尋索，直接便具有這樣的知（「良知」）：

> 人之所不學而能者，其良能也；所不慮而知者，其良知也。孩提之

〔註 3〕參見萬榮晉：《中國哲學範疇史》（哈爾濱：黑龍江人民出版社，1987），頁165
　～167。

> 童無不知愛其親者，及其長也，無不知敬其兄也。親親，仁也；敬
> 長，義也；無他，達之天下也。(〈盡心上〉15)

因此，孟子充滿自信，極其肯定地說，在任何狀況下，只要心願意從它向外的活動中停下，反觀自身（「思」），或充分地開展自身（「盡心」），就可以直接覺知、肯認其本性裏頭原本具足的純粹滿全的善，而不必依靠外力外物：

> 心之官則思，思則得之，不思則不得也。(〈告子上〉15)

> 盡其心者，知其性也。知其性，則知天矣。(〈盡心上〉1)

正因為這樣，孟子才會樂觀地認為，那「豪傑之士」往往是「雖無文王猶興」的(〈盡心上〉)。總之，人只要回到本心，讓它如實發用，自然可以知善明善。人能在這基礎上追求學問，便會「聞一善言，見一善行，若決江河，沛然莫之能禦」，便會有「詖辭知其所蔽，淫辭知其所陷，邪辭知其所離，遁辭知其所窮」的效驗，並且不會「盡信《書》」而為《書》所誤(〈盡心上〉、〈公孫丑上〉、〈盡心下〉)。這便是孟子所謂的「學問之道無他，求其放心而已」的真義，也是他之所以要強調「自得」的原因所在(〈告子上〉、〈離婁下〉)。

（三）修養論

孟子的修養論跟他的致知論一樣地明快直截。基本地說，便是接續前面所說「知性知天」而來的存守本心、長養本性而終身不懈了：

> 盡其心者，知其性也。知其性，則知天矣。存其心，養其性，所以
> 事天也。殀壽不貳，修身以俟之，所以立命也。(〈盡心上〉1)

把這個意思具體展開來，可歸納為以下六點：

1. 志於仁義

孟子認為，身為一個「士」，首要的就是「尚志」（高尚其志）。而所謂的「尚志」就是：

> （尚志者）仁義而已矣。殺一無罪，非仁也；非其有而取之，非義
> 也。居惡在？仁是也；路惡在？義是也。居仁由義，大人之事備矣。
> (〈盡心上〉33)

因此，「尚志」直接地說便是以「居仁由義」為志，也就是「志於仁義」。這是立定方向，是修養工夫的第一步。

2. 友古今善士

孟子說：

> 一鄉之善士斯友一鄉之善士，一國之善士斯友一國之善士，天下之
> 善士斯友天下之善士。以友天下之善士爲未足，又尚論古之人。頌
> 其詩，讀其書，不知其人，可乎？是以論其世也。是尚友也。
> （〈萬章下〉8）

有志於仁義之後，進一步便應該與同時代的「善士」交往，以便共學適道；並在精神上與古人爲友，藉古人的文章、心志、事蹟來自我勉勵。這是追隨榜樣，跟同道連結，頗有《易經·乾卦》九二「利見大人」的意思。

3. 知恥、寡欲

孟子說：

> 人不可以無恥；無恥之恥，無恥矣。（〈盡心上〉6）

> 恥之於人大矣……不恥不若人，何若人有？（〈盡心上〉7）

> 養心莫善於寡欲。其爲人也寡欲，雖有不存焉者寡矣；其爲人也多
> 欲，雖有存焉者寡矣。（〈盡心下〉35）

知恥是對犯錯事實的警醒悔改，寡欲是不任由欲望陷溺坐大，這是對生命既有的以及可能的負面表現的清理、扭轉。簡單地說，要隨時檢視自己的意念行事，一有貪愛耽溺不仁不義的跡象就立即回頭。值得一提的是，比起荀子，性善論立場的孟子對於這個層次樂觀得多，所以他的修養論當然就以底下幾項正面實踐的工夫爲重點了。

4. 誠身

孟子說：

> 居下位而不獲於上，民不可得而治也。獲於上有道，不信於友，弗
> 獲於上矣。信於友有道，事親弗悅，弗信於友矣。悅親有道，反身
> 不誠，不悅於親矣。誠身有道，不明乎善，不誠其身矣。是故誠者，
> 天之道也；思誠者，人之道也。至誠而不動者，未之有也；不誠，
> 未有能動者也。（〈離婁上〉12）

> 萬物皆備於我矣。反身而誠，樂莫大焉。（〈盡心上〉4）

「誠身」是生命正面的自我貞定，也是本心良知的自我肯認持守。從引文中可以看出，這正是在「明善」以及對「萬物皆備於我」的體認（兩者同屬致知論的範圍）之後所要做的涵養、持守的工夫。

5. 擴充四端，強恕而行；行有不得，反求諸己

孟子說：

> 凡有四端於我者，知皆擴而充之矣，若火之始然，泉之始達。苟能
> 充之，足以保四海；苟不充之，不足以事父母。（〈公孫丑上〉6）

> 反身而誠，樂莫大焉；強恕而行，求仁莫近焉。（〈盡心上〉4）

> 愛人不親，反其仁；治人不治，反其智；禮人不答，反其敬——行
> 有不得者皆反求諸己，其身正而天下歸之。《詩》云：「永言配命，
> 自求多福。」（〈離婁上〉4）

這點可說是「誠身」的進一步發揮。既然價值根源就在自身心性之內（「四
端」），那麼生命價值的追求（「求仁」）就在於不斷地將它向外擴充、實現出
來。只不過，一定要是自己所切實體認到的義理才敢放心地向外推出，這就
是「恕」；如果有什麼地方推擴不出去，那就必須坦然承認自己的體認可能有
誤，必須立即返回自身，重新檢視、調整、修正，這就是「反求諸己」；這是
向外「擴充」的兩個實踐原則。

6. 養浩然之氣、踐形

孟子說：

> 我知言，我善養吾浩然之氣……其為氣也，至大至剛；以直養之而
> 無害，則塞於天地之間。其為氣也，配義與道；無是，餒也。是集
> 義所生者，非義襲而取之也。行有不慊於心，則餒矣……必有事焉，
> 而勿正——心勿忘，勿助長也。（〈公孫丑上〉2）

> 形色，天性也；惟聖人然後可以踐形。（〈盡心上〉38）

「養浩然之氣」和「踐形」是將良知本性的仁義禮智流行迸發到生命具體活
動現象的全幅內容去，達到內外一如、充實磅礴的狀態的意思。這是「擴充」
的進一步貫徹和完成的境界。

（四）政治論

孟子的政治論，可從底下三方面來說。

1. 貴民、輕君

既然主張人性是善，孟子自然要對這廣土上的眾民多一分的信賴和看重
了。具體地說，他高度地、正面地肯定人民心思意念的本身，他也將人民生
命內在價值的護守、暢發與綿延看做一切政治措施的意義所在以及一切政治

行爲的最後目的。他還強調,「民爲貴、社稷次之,君爲輕」,因此,擔任天子的正當性就在於「得乎丘民」(〈盡心下〉);一旦君王犯了大過,又不聽諫言,那麼貴戚之卿就可以將他「易位」(〈萬章下〉);應該說,一個賊仁賊義的君王只不過是個「殘賊」、「一夫」,因此殺死這樣的君王並非什麼「弒君」(〈梁惠王下〉)。

2. 推恩、施行仁政

孟子認爲施政必須是爲政者本著本性「四端」向外推擴,否則就不會得到人民的悅服,這就是他所謂「推恩」、「以德行仁,以德服人」和「以不忍人之心行不忍人之政」的「仁政」思想(〈公孫丑上〉、〈梁惠王上〉)。

至於仁政的具體措施,其一是保民養民,譬如使人民有恆產以維持生計,不妨礙人民的正常工作,以及減輕賦稅、避免戰爭、劃定土地界限、與民同樂等。其二是教民,要「設庠序學校」而「謹庠序之教,申之以孝悌之義」。其三是「尊賢」與「尊士」,並使「賢者在位,能者在職」(〈公孫丑上〉)。值得注意的是,在前兩項中,孟子「於養民之要不厭反覆申詳」,「其養民之論,尤深切詳明,爲先秦所僅見」;「而教民一端則多附帶及之,僅舉梗概」。[註4]這應是基於性善論的立場,認爲只要爲政者能誠心保民養民,人民的善良本心就會受到感染就會自動興發出來的緣故。

3. 以臣正君

既然人性是善,而「豪傑之士雖無文王猶興」,那麼君與臣就可以有一個基本上平等的地位。在此背景下,孟子強調「惟大人爲能格君心之非」,認爲「君子之事君也,務引其君以當道、志於仁而已」,甚至激昂地說「說大人,則藐之,勿視其巍巍然……吾何畏彼哉!」。總之,在孟子心目中,君王並非絕對的權威,也沒有至尊無上的地位,更不是人間秩序的最後承擔者。不如說,那些成熟有道的君子才是孟子理想的寄託所在;雖然他們身爲臣子,卻絕對可以有也應該有「爲王者師」的擔當與氣魄(〈離婁上〉、〈告子下〉、〈盡心下〉、〈滕文公上〉)。

〔註4〕 以上論孟子仁政的具體內容,除第三項外,略據蕭公權:《中國政治思想史》(台北:聯經出版公司,1982),頁93。另外,徐復觀也說過:「孔孟……對於教養的關係,都是養先教後,養重於教的。」見徐著〈釋論語民無信不立〉,《儒家政治思想與民主自由人權》(台北:台灣學生書局,1988學初版),頁198。

二、「性惡論」立場的荀子思想

（一）心性論與天人關係論

如同性善論之於孟子思想，性惡論也是荀子思想性格的決定因素。但荀子對「性」的界定又不同於孟子。荀子認為，除了天生具有以外，還必須是「不可學」、「不可事」、「不可事而自然」（也就是毋須努力、費力它就隨時存在並且可以直接發出）的表現、能力或作用才可以稱為「性」。因此，他所謂「性」的具體內容便是人們在現實生活中經常湧現頑強不去的好惡愛憎之情和感官本能欲求（「情者，性之質也。欲者，情之應也。」）。在他看來，人若欠缺禮義之道的教化，勢必就是順著這樣的本性去行，而形成爭奪淫亂、犯分亂理（也就是作惡）的狀況。這就是他性惡論的基本觀點。〔註5〕

依荀子，生命價值創發的關鍵全在於「心」。雖然心的「知」的功能也是天生所具有，可以從某個角度來看作「性」（「凡以知，人之性也。」），而一般人的心也真的常常只是順著性的自然湧現來發動；但心的整個作用畢竟可以超越於性而獨立於性之外，它可以因為「知」道而進一步「可」道、守道，它可以自禁、自使、自奪、自取、自行、自止，因而可以將「性」轉化為合乎禮義的「偽」（人為）；總之心的作用是開放性的（指不必然受本性內容的驅策和限制），它的作用的發揮維持也全在於人後天的培養和努力（這一點並不符合荀子關於「性」的定義），所以荀子不把它看作「性」，而是把它看作可以治耳、目、鼻、口、形等「天官」（這些都屬於「性」）的「天君」。

荀子說：「聖人化性而起偽，偽起而生禮義，禮義生而制法度。然則禮義法度者，是聖人之所生也。」（〈解蔽〉）在他心目中，人的價值是由人（聖人）自己創制、建構出來的，與天並沒有關係。事實上他所謂的天，只是依一定軌則運作的天，對人不會有喜怒好惡愛憎之情以及因之而來的祐護與懲罰，反倒是人可以積極地制天用天。基於此，荀子認為人應該「敬其在己者，而不慕其在天者」，又強調君王應該修明禮義、循道而行。總之，人不可放棄自身的努力，而一味希冀上天的恩賜或任何的神蹟。〔註6〕一般認為，荀子這些觀點，是中國哲學史上「天人相分」思想首度系統的提出。〔註7〕

〔註5〕本段略依《荀子》〈性惡〉、〈解蔽〉二篇。又，本書凡引述《荀子》原文，主要根據北大哲學系校注：《荀子新注》，台北：里仁書局，1983。

〔註6〕以上參見〈天論〉，《荀子新注》頁323～338。

〔註7〕參見葛榮晉：《中國哲學範疇史》，頁170。

（二）致知論

　　相較於孟子的自知其良知，荀子的致知論表現了很不一樣的性格。他說：「今人之性惡，必將待師法而後正，得禮義而後治。」又說：「今人之性固無禮義，故彊學而求有之也；性不知禮義，故思慮而求知之也。」（〈性惡〉）可以說，荀子致知論的中心，便是要藉由「心」的彊學、思慮來知道人性原本所無而由聖人所制作的「禮義」了。這是一種以外在客觀學問為對象而向外學習的致知活動，有別於孟子以向內自覺、自證、自得為主的致知方式。相較之下，荀子的致知論顯然更為辛勞費時，更需要既已成熟者（「君」與「師」）的具體引導，也更需要既有儀軌範式（「法」）的對比參照；難怪荀子要特別地寫一篇〈勸學〉，並在文中大聲疾呼「學不可以已」、「吾嘗終日而思矣，不如須臾之所學也。」、「君子生非異也，善假於物也。」了。這一點哲學史家說得好：「孔孟學說中之主要論點，均不在『學』字上……真正以『學』為一主要概念，始自荀子。」〔註8〕

　　既然人性是惡，那麼被拿來對治人性的當然是外在的帶有規律性限定性的東西了，這便是荀子所以要表彰、推尊禮義（而不是「仁義」）的原因。事實上，禮義恰恰就是他所謂「道」的實質內容，〔註9〕所以在〈解蔽〉篇裡他乾脆改用「道」一詞替代「禮義」，來說明致知的基本方法：一個有心求「道」的人先要讓自己的心進入「虛壹而靜」（放下成見，專一而凝靜）的「大清明」狀態（荀子一點都不懷疑這種狀態的可能性），這樣去學道才不致有所「蔽」，才能夠有所領會而全面徹知；而當心中徹知了「道」，專一地以道為「衡」（標準）去考察衡量萬事萬物，就無不清楚明白了。〔註10〕

　　值得一提的是，荀子頗重視致知時對「統類」的掌握，所以他說：「……知通統類，如是則可謂大儒矣。」（〈儒效〉）又說：「……言之千舉萬變，其統類一也，是聖人之知也。」（〈性惡〉）這一點其實還是因著「禮義」而來的，因為所謂的統類，「乃是一切事類所依據的共理，亦是禮法制度的原理原則。」〔註11〕

〔註8〕勞思光：《新編中國哲學史（二）》（台北：三民書局，1991增訂六版），頁34。

〔註9〕〈儒效〉說：「先王之道，仁之隆也，比中而行之。曷謂中？禮義是也。」〈彊國〉說：「道也者何也？曰：禮義辭讓忠信是也。」〈禮論〉也說：「禮者，人道之極也。」而〈性惡〉更有「禮義之道」一語。見《荀子新注》，頁111、312、377、466；並參見岑溢成：〈荀子〉，收入王邦雄等撰《中國哲學家與哲學專題》（台北：國立空中大學，1989），頁299。

〔註10〕本段所述均見〈解蔽〉。

〔註11〕蔡仁厚：《孔孟荀哲學》（台北：台灣學生書局，1984），頁462。

（三）修養論

相較於孟子單純明快的風格，荀子的修養論顯然比較繁複凝重。基本地說，是要讓心能夠依著所學所知的禮義來「化性起偽」。分開來說，則有以下幾點：

1. 求賢師，擇良友

荀子很看重師友環境的薰習（「靡」），他說：「君子居必擇鄉，游必就士，所以防邪僻而近中正也。」（〈勸學〉）又說：

> 非我而當者，吾師也；是我而當者，吾友也……故君子隆師而親友……好善無厭，受諫而能誡，雖欲無進，得乎哉？（〈修身〉）

> 夫人雖有性質美而心辯知，必將求賢師而事之，擇良友而友之。得賢師而事之，則所聞者堯、舜、禹、湯之道也；得良友而友之，則所見者忠信敬讓之行也。身日進於仁義而不自知也者，靡使然也。（〈性惡〉）

比起孟子的「友古今善士」，荀子顯然對「師」有特別的看重和強調。

2. 精誠專一地「守仁行義」與「積善」

荀子說：「君子養心莫善於誠……誠心守仁……誠心行義……」（〈不苟〉）又說：「積善成德……無冥冥之志者，無昭昭之明；無惛惛之事者，無赫赫之功……故君子結於一也。」（〈勸學〉）因為是要將所認知到的「仁義」和「善」在本性裡無中生有地建立起來，所以當然就必須精誠不息地去「守」、去遵行，用一再的、連續的積累才能讓它們凝定成為穩固的「偽」了。

3.「參省」、「自省」

荀子說：「君子博學而日參省乎己，則知明而行無過矣。」（〈勸學〉）又說：「見善，修然必以自存也；見不善，愀然必以自省也；善在身，介然必以自好也；不善在身，菑然必以自惡也。」（〈修身〉）「參省」（體驗考察）與「自省」可看作是與精誠積善相配合的工夫（後者從正面進行，前者從反面下手），藉以確保所行所積都合乎禮義。

4. 藉「師」、「禮」調理性情，變化氣質

這就是荀子所謂的「治氣養心之術」：

> 治氣、養心之術：血氣剛強，則柔之以調和；知慮漸深，則一之以易良；勇毅猛戾，則輔之以道順；齊給便利，則節之以動止……凡

> 治氣、養心之術，莫徑由禮，莫要得師，莫神一好。夫是之謂治氣、
> 養心之術也。（〈修身〉）

可以說，由於高度肯定心的主導力量，孟子所謂「養浩然之氣」眞是充滿了樂觀的基調；相較之下，由於注意到氣質、欲望的強大作用，所以荀子的「治氣養心」便呈現了相當的對比的張力與小心翼翼、步步爲營的氛圍。

5.「無為」與「無彊」

荀子的修養論容易給人一個艱苦經營的印象，不過荀子說：

> 聖人縱其欲，兼其情，而制焉者理矣。夫何彊？何忍？何危？故仁
> 者之行道也，無爲也；聖人之行道也，無彊也。仁者之思也，恭；
> 聖人之思也，樂。此治心之道也。（〈解蔽〉）

一方面，果眞能徹底地以「理」（即禮義）主導欲與情，那麼心便可以處於「無爲」（非做作故意）、「無彊」（非勉強）的悅樂狀態。另一方面，爲了能徹底依「理」而行，也必須讓心做到「無爲」與「無彊」。此外，當工夫做到純熟老練，身心的美好效驗，現實的正面回應，都提供了印證與激勵，人就更可以自然而輕省地「無爲」與「無彊」了。

6. 盡倫盡制，止於聖王境界

荀子說：

> 故學也者，固學止之也。惡乎止之？曰：止諸至足。曷謂至足？曰：
> 聖王也。聖也者，盡倫者也；王也者，盡制者也。兩盡者，足以爲
> 天下極矣。故學者，以聖王爲師，案以聖王之制爲法，法其法以求
> 其統類，以務象效其人。（〈解蔽〉）

荀子在這裡提出「盡倫、盡制」（倫常道德、禮法制度全備充盡）的聖王境界作爲實踐的終極目標。從這裡也可以看出荀子比孟子更著重政治、社會面的實踐的一個特質。

（四）政治論

荀子的政治論，可分以下三方面來說：

1. 貴民、尊君

荀子雖然認爲人性本惡，卻仍認爲人可以化性起僞，而「涂之人可以爲禹」（〈性惡〉）；因此他也跟孟子一樣地看重人民的地位和價值，一樣地認爲人民的福祉才是政治的最後目的（「天之生民，非爲君也；天之立君，以爲民

也。故古者列地建國，非以貴諸侯而已……」〈大略〉），一樣地反對殘暴君王繼續在位（他說，像桀、紂那樣違亂禮義積凶全惡的君王便是「民之怨賊」，合該「天下去之」）。然而，跟孟子不同的是，基於人性本惡，荀子又認爲君王是凝合人群調理民性絕對必要的力量；正因爲這樣，他強調說，一個負責盡職的君王便是「天下之本」，人們理當「美之、安之、貴之」（〈富國〉）。

2. 以禮義治國

如同主張用禮義來調治一己本性那樣，荀子也呼籲君王要用禮義來調理民性、治理國家。他認爲「修禮者王」、「義立而王」；用禮義來治國，「則下仰上以義矣，是綦定也。綦定而國定，國定而天下定。」。此外，關於施政的具體措施，他主張——

第一，不只愛民，還要利民。不只保民、養民，還要裕民、富民。還有，不可以聚斂。〔註12〕

第二，除了教民、化民，還要「一民」、「齊民」。除了君王應修身做爲表率，以及「立大學，設庠序，脩六禮，明七教」外，還要有確當的刑罰與獎賞。〔註13〕

第三，注重官制，要以「德」、「能」爲標準用人（尤其要「愼取相」）。此外，還要以不同等級的服飾器用來貞定尊卑高下，使朝廷官府施政能合宜而穩定，有一定法度（〈君道〉、〈王制〉）。

可以說，比起孟子來，荀子多了一分對人民規定、禁限的意態，也多了一分對客觀制度的看重，這當然是跟他性惡論的立場有關的了。

3. 以臣化君

荀子雖然尊君，卻也沒有把君王絕對化，事實上他認爲臣子基本上應「從道不從君」，而必要時可以有逆命有諫爭與輔拂。然而，正由於尊君，他特別強調事君不可「不順」；他把「以是諫非而怒之」只看成「下忠」，把「以德調君而輔之」只看成「中忠」，而把「以德復君而化之」推崇爲「大忠」。總之，臣子在「從道不從君」的原則下還是得尊君；恭順善巧地以德「化」君才是事君的最高境界。〔註14〕

〔註12〕 略見〈王制〉、〈富國〉、〈王霸〉、〈君道〉、〈議兵〉、〈大略〉。
〔註13〕 略見〈不苟〉、〈王制〉、〈富國〉、〈王霸〉、〈君道〉、〈臣道〉、〈致士〉、〈議兵〉、〈正論〉、〈正名〉、〈大略〉。
〔註14〕 〈臣道〉，《荀子新注》，頁 257～263。

＊

以上已經將孟、荀思想做了一個比較性的整理和探討。顯然，基於兩者在各方面明顯的差異，以及這種差異的整體一貫，我們在考察〈大學〉（以及秦漢時期許多儒學論著）的思想性格時也非得要有一種整體一貫的對比思考不可。底下，我就以這樣的認識去衡量前人對〈大學〉思想性格的各種解釋和論證，也以這樣的認識去建構新的解釋和新的論證。

第二節 當代學者關於〈大學〉思想性格的爭議

〈大學〉的思想性格，在過去少有爭議。宋代以前甚至不曾觸及這個問題。自宋代朱子以來，大家普遍接受它為《四書》之一，這就等於認定它與孔子、孟子、子思的思想是相通、一致的。其間只有清初陳確（劉宗周弟子）獨持異論，認為「〈大學〉言知不言行，必為禪學無疑」。〔註15〕從今天看來，陳確算是意識到問題的所在；可惜因為時代的限制，他沒能對準焦點，論證極粗疏，所以他的觀點在當時並無說服力，也沒有造成後續的影響。

民國以來，承清代學術繼續推進，學者們對〈大學〉的撰著時代漸有定論，對宋元以來所貶抑忽視的荀子思想也有了一些較為具體的研究與認識，終於引發了一場斷斷續續不大不小的關於〈大學〉思想性格的爭議。底下我便將爭議中幾個主要的觀點做個扼要的介紹。

一、〈大學〉為荀學

（一）馮友蘭的論證

馮友蘭於 1930、1931 年間正式發表這個觀點，揭開了〈大學〉思想性格爭論的序幕。他的主要論點如下：〔註16〕

1.「荀子為戰國末年之儒家大師。後來儒者，多出其門……蓋當時荀學之勢力，固比較漢以後人所想像大多多也。」

〔註15〕陳確：《陳確集》（台北：漢京文化事業公司，1984 影點校本），頁 552、557。
〔註16〕參見馮友蘭：〈大學為荀學說〉，《燕京學報》7，1930 年 7 月；收入《古史辨》第四冊（1933）。又，馮氏《中國哲學史》第一篇第十四章第七節「大學」內容與前文略同而稍簡；據馮氏《三松堂自序》（台北：谷風出版社，1987，頁231），該書第一篇於 1929 年完稿，於 1931 年出版。

2.《禮記・學記》為荀學，而「〈學記〉以『知類通達，強立而不反』，『足以化民易俗，近者悅服而遠者懷之』為『大學之道』；〈大學〉以『格物，致知，正心，誠意，修身，齊家，治國，平天下』為『大學之道』，二者主要意思相同」，所以「〈大學〉中所說『大學之道』當亦用荀學之觀點以解釋之」。

3.《荀子・解蔽》有「學也者，固學止之也……止諸至足」，而「至足」是「聖」，「聖」又是「盡倫者也」；這跟〈大學〉的「止於至善」、「為人君，止於仁；為人臣，止於敬……」相合。

4.《荀子・君道》有「聞修身，未嘗聞為國也。君者，儀也；儀正而景正」，與〈大學〉以修身為齊家、治國、平天下之本的說法相合。

5.〈大學〉的「絜矩之道」即荀子的「操五寸之矩，盡天下之方」之道。

6. 荀子強調心必須「虛壹而靜」才能「知道」，這與〈大學〉的「正心、誠意」相合。而〈大學〉的「誠於中，形於外」和「慎獨」等語都見於《荀子》（按：前一語字句不盡相同）；只不過荀子所謂「獨」是專一的意思，而〈大學〉的「慎獨」似是使內外一致的意思，與荀子小異。

7.《荀子・解蔽》有「凡觀物有疑，中心不定，則外物不清。吾慮不清，則未可定然否也。冥冥而行者，見寢石以為伏虎……冥冥蔽其明也」；而〈大學〉主張「致知在格物（必看穿物之現象，而至其本來面目，方可得其真相）」，又強調「正心」（與「格物致知」互為因果）；兩者相合。

馮友蘭等於提了個逆反於近世儒學傳統的全新的顛覆性的觀點。雖然他還不能準確掌握〈大學〉語詞的原義和思想理路的原貌，所作的比較還不夠嚴謹不夠全面；不過這樣一個創造性的劃時代的新觀點的提出，真的是〈大學〉思想史（或者說《四書》學史、經學史）上的一件大事。

（二）錢穆的論證

繼馮友蘭之後，錢穆也在 1963 年間主張「〈大學〉應歸入荀子系統內」〔註17〕，他的主要論點如下：

1. 先秦關於求知對象與思想方法，有主「推」、主「止」兩大趨勢。其中「孟子主性善，故主各本己心以為推。荀子主性惡，故主能先止於前人所已見得之善，而奉聖王為師法」，兩家各代表了儒家中主推和主止的一面。而〈大

〔註17〕錢穆：〈大學格物新義〉，《新亞遺鐸》（台北：東大圖書公司，1989），頁850。此為 1963 年 11 月在香港新亞研究所演講的講詞。

學〉的「止於至善」、「爲人君，止於仁。爲人臣，止於敬……」等顯然是沿襲荀子主止的思想而來。〔註18〕

2.〈大學〉的「格物致知」與荀子的「天官之當簿其類」同樣是「以物爲知之對象，又貴於直接觸及於物之知」，然而孟子及其以前的儒家並不這樣說〔註19〕。

3.「《論語》講『心』，《孟子》講『性』，〈大學〉中避去『性』字不講，雖講及『心』字，而重要只在講『意』字與『知』字，此即是〈大學〉爲荀子主性惡一派。」〔註20〕

錢穆上述觀點是我所僅見的贊成馮友蘭新說的一個例子，可惜只有零星幾點而已。並且，遺憾的是，他稍後（1969）便改採比較保留的態度，只表示「大學雖不能指說它是荀學，但確有許多處有荀子思想之存在」了。〔註21〕而在這之後就似乎沒有其他人主張〈大學〉爲荀學了。

二、〈大學〉爲孔學

陳槃的論證

陳槃於 1960 年發表〈大學今釋別記〉，其中第二節「大學爲孔學抑荀學之問題——兼論孟子以前之性善義」，站在傳統舊說「大學是孟子以前孔門儒者所作」的立場上反駁馮友蘭的觀點。他的論證主要是以下三點：〔註22〕

1. 孔子以前已有性善之說，孔子也有所推闡。而由「大學之道，在明明德，在親（原註：讀做新）民，在止於至善」一句，可知〈大學〉主張性善，本原於孔學，並非荀學。

2. 馮氏也已指出，〈大學〉與荀子都主張慎獨而含義不同。然而以存誠慎獨爲〈大學〉中一大節目，而內容與荀子不同，其意義可謂重大。

〔註18〕參見錢穆：〈推止篇〉，原載於《新亞學報》第六卷第一期（1963），收入《中國學術思想史論叢（二）》（台北：東大圖書公司，1977），頁 425、460、466～7。

〔註19〕錢穆：〈推止篇〉，《中國學術思想史論叢（二）》，頁 467。

〔註20〕錢穆：〈大學格物新義〉，《新亞遺鐸》，頁 850～851。

〔註21〕錢穆：〈四書義理之展演〉，《孔孟學報》17，1969 年 4 月，頁 7。

〔註22〕參見陳槃：〈大學今釋別記〉，《大學中庸今釋》（台北：正中書局，1984 年初版 12 刷），頁 65～82。此文先發表於《大陸雜誌》第 21 卷 1、2 期合刊，1960 年 7 月。

3.「荀子之學，本一部份出於孔門……其所稱述，與孔門之學，亦必有合者矣」；因此，「荀子之說之與〈大學〉有合者，亦未必果其爲荀子之所創說」，不能便斷定〈大學〉是荀學。

在陳槃之後，由於〈大學〉撰著時代的舊說逐漸被推翻，這個觀點也就逐漸沒人提及了。

三、〈大學〉爲孟學

（一）唐君毅的論證

抱持這個觀點而提出具體論證的，首先是唐君毅，他在 1956 年發表〈孟墨莊荀之言心申義〉一文，〔註23〕文中說：

> 大學中庸二篇之言聖賢，修養工夫或心性之學，皆同本孟子心性之善之義……除明徵引孔子曾子之言者外，蓋皆爲七十子後學，宗孟子之學者，經墨莊荀三家言心之思想之出現，因而照應其若干問題，並亦用其若干名辭，而變其義，乃引申孟子之言心之旨，以繼孔孟儒學之統者之所爲。唯朱子之以大學中庸與孟子爲一貫之傳，仍未嘗誤。故謂大學爲荀學，中庸爲孟學……皆非本文之所取。

這等於是說，〈大學〉中雖有來自莊、墨、荀學的成分，但那是已被消化、轉化爲孟學的立場的了。唐氏在同文中提出的論證可歸納爲以下幾點：

1. 先秦諸子中，莊、墨、荀三家都強調「明」，但那是由於他們論心都較重「知」的一面而來的。〈大學〉的「明明德」則扣緊「德」來說「明」，是孟子「明善」的引申。「明德」指「心之本體之光明」；而「明明德」則是將此光明之德向外顯現，是「充內而形外，以顯內外統體是一明之義」。「一明在大學開爲內外之明明，而未嘗出乎一自明之外。其爲承孟子之學而引申之論，又不亦明乎？」

2. 〈大學〉的「止」、「定」、「靜」等概念，似是承莊、墨、荀而來的。但〈大學〉的「止於至善」並非止於外在的至善，並非止於人的明德善性之外，這正是「所以申孟子之旨，以攝諸家言止之義」；〈大學〉又在講「靜」、「安」之後才講「慮」，而在「靜」、「慮」之間加一個「安」，正是從重性情重德性

〔註23〕 該文原刊於《新亞學報》第 1 卷 2 期，1956 年 2 月；後來分「原心上」、「原心下」兩部分，編爲唐著：《中國哲學原論：導論篇》（台北：台灣學生書局，1980 台四版）第三、四章。以下所引所論，據《導論篇》的第四章。

一路來論心的表現。總之,「墨莊荀言止定靜之工夫,重在成就知識或心之虛靜者,在大學皆一變其義,全成為自覺之德性生活或性情中之事矣」。

3.「荀子已有人之求知當格物之意。然荀子之所謂物,雖要在指人間之物,亦可泛指一般自然外物。大學之言致知格物之知與物,依大學本文解釋,當即『物有本末』之物,『知所先後』之知,則物即天下國家身心意也……物為有關性情之物,知為有關性情之知矣。此便明是承孟子之學而來。」

4.「大學言人之誠意正心,皆言人能自誠其意,而自正其心……此本身為明德之自明,而自求止於至善之事,是顯為依孟子性善之旨」,且「大學所言之能自正自主之心,無待於無情,正見其為申孟子所言之性情心之義者也」。而〈大學〉在「致知格物」之後便是「誠意正心」,這正是「攝他家所重之知物之義,以歸向於孟子所言之德性之學」。

唐君毅這番論證一貫地表現了他平情而細心地體會並融通諸家觀點的精神。

(二) 徐復觀的論證

徐復觀於 1963 年左右,在他的《中國人性論史:先秦篇》一書中,主張「〈大學〉雖亦受有荀子的影響,但這是副次的,枝節的。其主要的立足點,當在孟學而不在荀學。」〔註24〕他的論證包括以下幾點:

1. 荀子主張性惡,所以他的「止諸至足」是「止於聖人」;但〈大學〉的「為人君止於仁……」等,卻是「就各人直接承當此理而言」。

2.〈大學〉「絜矩」一詞,雖可能來自《荀子・不苟》的「操五寸之矩」,但這裡所說的忠恕之道,是儒家通義,不足以為荀子思想的特色。

3. 馮友蘭以為〈大學〉的「正心」,來自《荀子・解蔽》的「故人心譬如槃水」一段。然而前者主要是就仁心的德性一面說,後者主要是就人心的知性一面說,二者不可牽附。

4. 馮氏認為,〈大學〉「致知格物」來自《荀子・解蔽》「凡觀物有疑,中心不定則外物不清」一段;這點極為牽強。

5.《荀子》書中的「今人主有能明其德……」(〈致士〉)、「君子壹於道以贊稽物」(〈解蔽〉)、「如保赤子」(〈王霸〉)、以及論「靜」等,對〈大學〉的

〔註24〕此處所引以及以下所述,據徐復觀:《中國人性論史:先秦篇》(台北:台灣商務印書館,1978 四版)第九章。按:本書在商務版初版(1969)之前,已先於 1963 左右刊行。

「明明德」、「格物」、「止、定、靜」、以及引〈康誥〉的「若保赤子」,都可能有所影響,但這些只是枝節的影響。

6. 荀子從未談及學校制度,〈大略〉有「立大學,設庠序」,但〈大略〉多是荀子後學的話,所以「大學」的觀念,是承孟子的「謹庠序之教」所發展下來的。

7. 荀子以「由禮」、「得師」、「一好」為修身之要。〈大學〉則以正心、誠意為修身之要;這是順著孔子「修己以敬」和孟子的「存心養性」發展下來的。

8. 荀子以「知道」為正心之方。但荀子的「道」是客觀性的;由「知道」而使心能「虛壹能靜」,這也是知性的「無記」地心理狀態。至於〈大學〉的正心之方卻是「誠意」,「意」是主觀的,「誠意」是對主觀自身的努力。

9. 〈大學〉最大的特色,是思想的系統性,這便是荀子所謂的「統類」。但荀子所謂統類,是以客觀的禮為中心。而〈大學〉的統類,卻是以心為主。心主宰乎一身,以通於家、國、天下。同樣說禮義,孟子多就心上說,荀子多就法數上說;所以〈大學〉屬於以心為主宰的系統,不屬於荀子以法數為主的系統。

10. 把孟子「天下之本在國,國之本在家,家之本在身」、「老吾老以及人之老……天下可運於掌上」的話加以組織化,就是〈大學〉的「欲明明德於天下者……先修其身……一是皆以修身為本」。而《孟子》的「平治天下」一語,當係「平天下」觀念之所自出。

11. 〈大學〉以「心不在焉,視而不見……」說明「正心」,可見「正心」即孟子所常說的「存心」。

12. 〈大學〉的「以義為利」來自孟子的「王何必曰利,亦有仁義而已矣」和「未有義而後其君者也」。

徐復觀的論證比唐君毅更多方面也更加細密。基於他們兩人的學術地位,這個觀點的影響力似乎很大。

(三)勞榦的論證

勞榦在 1968 年發表「大學出於孟學說」,極力反駁馮友蘭的觀點,他的論證可整理為以下幾點:〔註25〕

〔註25〕參見勞榦:〈大學出於孟學說〉,《中央研究院歷史語言研究所集刊》38,1968年1月。

1. 馮氏說〈大學〉論誠意與荀子的「養心莫善於誠」相合，其實孟子已有「養心莫善於寡欲」和「反身而誠」的說法。〈大學〉此處又引曾子「十目所視……」的話，然而荀子之學出於子弓，孟子之學才是出自曾子，可見〈大學〉是孟學。

2. 並非〈大學〉的「止於至善」一語襲自《荀子》的「止諸至足」，而是荀子襲自〈大學〉。〈大學〉的「至善」似為人性所內在本有，此與荀說相悖，所以到《荀子》便改為外在義的「至足」。由此一字之微，正可見〈大學〉在先，《荀子》在後。

3. 《孟子·滕王公上》「設為庠序學校……人倫明於上，小民親於下……詩云：『周雖舊邦，其命惟新』子力行之，亦以新子之國。」一節與〈大學〉關係密切，正是〈大學〉所從出。文中談庠序學校，是教育之事；「明人倫」，是齊家治國平天下之事；「小民親於下」即是「親民」；「新子之國」即〈大學〉所引〈盤銘〉、〈康誥〉的「新」，所引詩經「周雖舊邦，其命惟新」也與〈大學〉所引相同。尤其《孟子》此文中「親民」、「新國」兩事分說，正可解釋〈大學〉本文「親」、「新」二字矛盾的由來，而無須疑慮了。

4. 孟子的學問是高深哲學，荀子則不過是儒家常識，兩者之間高下判然，不僅是大醇小疵之分而已。而〈大學〉理致精深，若說是就孟學推廣而成，「則就到達言，就造詣言，自無爭論」。

5. 〈大學〉與《孟子》都並言仁義，也都深明義利之辨，而同以天下人之公利為公。

6. 〈大學〉開始就以「止於至善」為綱領，而「至善」指的是人性稟賦之終極，正是孟子性善之義。

7. 〈大學〉的「止」、「定」、「靜」、「安」、「慮」、「得」，與《孟子》的「不動心」、「持其志」相符，而更為系統化。

8. 「〈大學〉入德之程序，自修身以下，至誠意而極，其致知格物，則為輔誠意而為，在外非在內也」，其中「誠意」的「誠」，出自《孟子》，而條理更明。《孟子》除了提及「反身而誠」，並曾自外而內說到誠身而明善，後者與〈大學〉所論的次序尤其近似。

（四）戴君仁的論證

同樣在 1968 年，戴君仁發表了一篇〈荀子與大學中庸〉。文中他檢討了

馮友蘭的論證，認爲〈大學〉思想和荀子有同有異，而就系統來說則是孟學。他的論證如下：〔註26〕

1.〈大學〉的「止於至善」、「絜矩之道」與荀子思想相符。（按：這是他同意馮氏論證的地方）

2.《荀子·解蔽》論「虛壹而靜」中的「人心譬如槃水」一節相當於〈大學〉的「知止、有定、能靜、能安、能慮、能得」的部分，而與「正心」不相干。

3.《荀子》與〈大學〉的「愼獨」都是「致誠」的意思，兩者並無「小異」。

4.《荀子·解蔽》裡有「壹於道而贊稽物」，「壹於道」相當於「正心誠意」，「贊稽物」相當於「致知格物」。不過《孟子》也說「必有事焉而勿正，心勿忘，勿助長」，「必有事」即「格物」，「勿正勿忘勿助長」即「正心誠意」。而《孟子》、〈中庸〉也都有「明善、誠身」的話，與「格物致知，誠意正心」相通。（按：以上三點是他修訂馮氏論證的地方）

5.〈大學〉的「明德」，是天所賦與的明德。因此就系統說，〈大學〉應與《孟子》、〈中庸〉同屬性善論的系統，和荀子的「道性惡」異趣。

6.〈大學〉論學，在八條目中找不到《荀子》「其數則始乎誦經，終乎讀禮」這一類親書冊的話；而〈大學〉論生財之道四句的意思，在《荀子·富國》的長文裡也一無蹤影；由此可見兩者思想不同。

*

整體來看，主張〈大學〉爲孟學的論證比其他幾個觀點來得繁富細密，也得到較多學者的接受。應稍加區別的是，其中勞榦主張〈大學〉是孟子之後荀子之前的純孟學作品，而其餘各家則主主張〈大學〉是荀子之後接受了部分荀子思想的孟學作品。

四、〈大學〉爲孟學、荀學的綜合

（一）蔣伯潛的論證

1947 年或更早，蔣伯潛在他的《諸子學纂要》一書裡，主張「〈大學〉底思想，是綜合孟荀二子的」，他的論證如下：〔註27〕

〔註26〕參見戴君仁：〈荀子與大學中庸〉，《梅園論學集》（台北：台灣開明書店，1970），頁 223～238。此文原載於《孔孟學報》15，1968 年 4 月。

〔註27〕參見蔣伯潛：《諸子學纂要》（台北：正中書局，1947 台初版，1988 台初版 12刷），頁 116～117。按：此書初次刊行可能要更早於 1947 年。

1.《孟子‧離婁》的「天下之本在國……家之本在身」和「君仁莫不仁……一正君而國定矣」，分別與〈大學〉「修身、齊家、治國、平天下」和「堯舜率天下以仁而民從之」的議論相同。

2.《荀子》有「止諸至足」，而「至足」是「聖」，「聖」是「盡倫」。「止諸至足」和「盡倫」就是〈大學〉的「止於至善」和「為人君止於仁，為人臣止於敬……」。

3.《荀子》的「君者，儀也。儀正而景正……」和「操五寸之矩」，就是〈大學〉的「堯舜率天下以仁而民從之」和「絜矩之道」。

（二）勞思光的論證

大約 1971 年，勞思光在他的《中國哲學史》裡認為〈大學〉「兼承孟荀之論，而不加檢別，無所評論」，並提出如下的主張：[註28]

> 〈學記〉與〈大學〉均是以揉合先秦二說為宗旨者；但若細分之，則〈學記〉為初步揉合，〈大學〉則為進一步之工作：蓋〈學記〉基本上取荀子立場，〈大學〉則分取孟荀兩家之說，其揉合較為成功也。

> 蓋一分本末，則不能不反溯至「心性」或「天道」一類觀念，即非荀子之說所能安頓者矣……〈學記〉中稍辨「本末」之義，此則近於孟而遠於荀……〈大學〉詳論「本末」而以心意為主時，愈接近孟子，而去荀日遠，乃此種揉合孟荀之說較成熟之型態也。

勞氏指出，孟子說到「身」為天下及國家之「本」時，是就德性著眼，所肯定的是領導者的價值自覺以及他在政治生活中的行為兩者之間的關係，不在於領導者與其他個人之間的關係；而荀子論「君」，則重在一權威標準的建立，因此說到「身」的重要（「聞修身，未嘗聞為國也」）時，是強調在下之群眾必模效領導者（「君者儀也，儀正而景正」），所肯定的是領導者的行為與被治者行為間的關係。

勞氏認為，這兩說的分別不甚顯著，而〈大學〉作者取這兩說揉合起來，於是提出「本末」和「先後」之論，又特別強調有關德性的「心、意」等等問題，因而表現為一個專講「德性決定政治」的理論。總之，「舊說以為〈大學〉乃荀子一派之理論，雖非盡妄；然若就理論之成分言，則〈大學〉之強

〔註28〕勞思光：《新編中國哲學史（二）》（台北：三民書局，1991 增訂六版），頁34、37～38。按：此書第二卷最早似乎 1971 年在香港出版。

調心性問題遠勝於〈學記〉；其取於《孟子》者甚多，實可視爲後儒取孟說以改荀說時所造成之新說也。」〔註29〕

勞思光的論斷，有些地方似乎比較偏向孟子，但「取孟說以改荀說……所造成之新說」一語卻又以荀說爲基底；所以我根據他「〈學記〉基本上取荀子立場，〈大學〉則分取孟荀兩家之說，其揉合較爲成功」的一段話，將他的觀點歸於綜合孟、荀一類。

（三）韋政通的論證

韋政通在他 1978 年的一篇文章裡表示：〔註30〕

> 民國十九年馮友蘭曾有〈大學爲荀學說〉一文，就兩書句法、語意做比較，證據不夠堅實，採信者仍少。〈大學〉的內容，似乎是把孟、荀的思想做了一次新的綜合，形成一個頗富創意的新系統。

兩年後的 1980 年，他又在《中國思想史》一書裡說：〔註31〕

> 近人亦有謂〈大學〉爲荀學的，也的確可以提出不少瑣細的對證，但就其中最重要的三綱領、八條目言，與荀子重智主義的精神並不相合，而應視爲綜合了孟、荀兩個系統以後所產生的新理論。

> 先秦儒家中有孟、荀的對立，這種對立由於混合調和的作用，在《禮記》裡已消失於無形。大抵在心性方面乃近乎孟子，論禮樂和教學思想，則完全是荀學的發揮。其中〈大學〉篇，更是由混合而表現爲創造性的綜合；所謂八條目，實代表先秦儒家內聖與外王相結合的新綱領、新架構，其中正心、誠意來自孟子，格物、致知是屬於荀子的思想路數。

（四）項退結的論證

項退結在他 1985 年的一篇文章裡說：〔註32〕

> 有人（按：指馮友蘭）說〈大學〉是荀學，其主要理由在於《荀子》

〔註29〕以上所引所據皆爲勞思光：《新編中國哲學史（二）》，頁 38～39。

〔註30〕韋政通：〈荀學在思想史上的地位及其影響〉，《儒家與現代中國》（台北：東大圖書公司，1984），頁 73。

〔註31〕韋政通：《中國思想史》（台北：水牛出版社，1988），頁 340、392。本書初版於 1980。

〔註32〕項退結：〈心術與心主之間〉，《中國人的路》（台北：東大圖書公司，1988），頁 65。本文原載於《哲學與文化》12 卷 9 期，1985 年 9 月。

〈解蔽篇〉強調「知物之理而至於聖」,而〈大學〉也倡導「致知」、
「格物」而後誠意、正心、修身、齊家、治國、平天下。此說雖有
部分理由,但孟子也講「正人心」,也說「不明乎善不誠其身矣」,
也主張「思則得之,不思則不得也」。因此〈大學〉很可能同時受孟
荀二子影響,而荀學色彩比較強烈。

項氏雖認為〈大學〉「荀學色彩比較強烈」,但這並不是就基本立場判定〈大
學〉為荀學,所以我也把他歸入主張「綜合」的觀點裡。

五、〈大學〉為董仲舒之學

趙澤厚的論證

　　1972年,趙澤厚在他的《大學研究》裡認為,〈大學〉與《荀子》的思想
言論,雖有相同之處,但二者的主要思想卻多不相同,所以〈大學〉決非荀
子所作,也非出於荀學。不過趙氏並未另外論及〈大學〉與孟子的關係,而
是往下直推到西漢,將〈大學〉與董仲舒的著作相比較,從而提出〈大學〉
是董仲舒所作的觀點。由於〈大學〉的撰著時代似乎不可能晚到董仲舒的時
候,〈大學〉與董仲舒著作中相同相近的地方也大可看作董氏對〈大學〉的繼
承和因襲,所以趙氏關於這部分的討論我們不做介紹。底下,我只介紹他論
證中涉及〈大學〉與《荀子》思想關係的部分。〔註33〕首先是他認為,除了
馮友蘭、錢穆、戴君仁所揭示外,兩者相同或相近的地方還有:

　　1.《荀子·大略》的「義與利者,人之所兩有也……上重義,則義克利……
故天子不言多少,諸侯不言利害……」一段與〈大學〉最後論「以義為利」
一段義意甚為相同。

　　2.《荀子·大略》的「德至者色澤洽……小人不誠於內,而求之於外」一
段,與〈大學〉論誠意一段意義相同。

　　其次,關於兩者「主要思想多不相同」的地方,趙氏認為有以下幾點:

　　1.《荀子》論學論政,一以禮為宗。然而〈大學〉自始至終,無一禮字,
斷非荀子之思想。

　　2.〈大學〉修身以誠,而荀子則修身以禮。〈大學〉之修身,係向內求,
屬之於心。而荀子之修身,則係向外求之於禮,禮又正之於師。二者不同。

〔註33〕參見趙澤厚:《大學研究》(台北:台灣中華書局,1972),頁39～47。

3.《荀子》說「君者儀也，儀正而景正」、「君射則臣決」，又說「君者，民之原也；原清則流清」，這是由君而影響臣民，其影響係出之於政治系統。但〈大學〉是由身而家，再由家而國，其影響偏重於倫理關係。二者不同。

4.〈大學〉說君仁、臣敬、父慈、子孝，然而《荀子·君道》所說的卻是君禮、臣忠、父寬惠而有禮、子敬愛而致文。二者對人倫關係的說法不同。

5.〈大學〉的齊家、治國、平天下，不在於禮義法度之治，而在於修身；修身也不在於禮義教化，而在於正心、誠意。由此可見〈大學〉以性善為依據，與荀子主張性惡並不相同。

六、〈大學〉只是一個空殼子

牟宗三的論證

牟宗三在《心體與性體》一書中認為「〈大學〉絕非即荀學，然亦不必即能通《論》《孟》之精神」，主張「〈大學〉只是一個『空殼子』，其自身不能決定內聖之學之本質」。〔註34〕他的論證如下：〔註35〕

〈大學〉言「明明德」，未表示「明德」即是吾人之心性（就本有之心性說明德），甚至根本不表示此意，乃只是「光明的德行」之意……
〈大學〉之「明德」既只是就「德行」說，知是「知止」、知「至善」、知「本末先後」之「知」，物是「心、意、身、家、國、天下」之物，至善之道（止處）是就應物之「事」上說，至于至善之道究往何處落，則不能定。陽明、蕺山是往心性處落，伊川朱子是往存在之理處落，皆非〈大學〉原有之義。是則〈大學〉只列出一個實踐底綱領，只說一個當然，而未說出其所以然，在內聖之學之義理方向上為不確定者，究往那裡走，其自身不能決定，故人得以填彩而有三套之講法。

牟氏進一步闡明他所謂〈大學〉是「空殼子」的觀點如下：〔註36〕

〈大學〉並不是繼承《論》《孟》之生命智慧而說，而是從教育制度

〔註34〕 牟宗三：《心體與性體（二）》（台北：正中書局，1985 台初版 6 刷），頁 424。此書「台初版」刊於 1968。

〔註35〕 牟宗三：《心體與性體（一）》（台北：正中書局，1985 台初版 6 刷），頁 17～18。此書「台初版」刊於 1968。

〔註36〕 牟宗三：《心體與性體（三）》（台北：正中書局，1984 台初版 6 刷），頁 369、52、383～384，此書「台初版」刊於 1969；《心體與性體（二）》，頁 427。

說，乃是開端別起……好像是外插進來的。雖言之整齊有條理，然
其實只是列舉實踐之綱領與範圍，而其解釋（所謂傳）亦只是現象
學地平說，朱子所謂「大學諸傳有解經處，有只引經傳贊揚處，其
意只是提起一事，使人讀著常惺惺地」是也。

〈大學〉之爲實踐之規模，擺列出一個實踐之間架，只是現象學地
平說。這平說的綱領條目自必爲儒家教義所承認，所函攝。但尚不
能由之透視到孔孟的眞精神眞生命。這只是個形式的規模。若說是
宗旨，亦只是就實踐之範圍列出個宗旨，至于眞實而內容的宗旨當
求之《論》《孟》。是故尚不能一切定之于〈大學〉，以〈大學〉爲立
教之定本也。

〈大學〉與《論》、《孟》、〈中庸〉、《易傳》不是同一系者……〈大
學〉是從另一端緒來，可以視爲儒家教義之初階。由〈大學〉而至
《論》、《孟》、〈中庸〉、《易傳》是一種不同層次之昇進，亦是由外
轉內之轉進。〈大學〉與〈學記〉以及荀子之〈勸學〉可以列爲一組，
雖不必爲荀學，但亦決非與《論》、《孟》、〈中庸〉、《易傳》爲同層
次而可以出入互講者。當然根據《論》、《孟》、〈中庸〉、《易傳》講
出另一個大學之道、大人之學來，亦至佳事，但非原來之大學。陽
明之講法自是孟子學之大人之學。朱子之講法自是伊川學之大人之
學。其結果仍是直貫系統與橫攝系統之異。荀子亦是橫攝系統，只
差荀子未將其禮字轉爲性理耳。原來之〈大學〉既非直貫系統。以
根本未接觸到因地之本故；亦非顯明地是橫攝系統。講成橫攝系統
者是朱子學，講成直貫系統者是陽明學。

內聖之學之本質不能取決于〈大學〉，仍當回歸于《論》、《孟》、〈中
庸〉與《易傳》。欲想會通〈大學〉而不能擯除之，則只能上提內通
以《論》、《孟》、〈中庸〉、《易傳》而統之，不能以〈大學〉爲標準
以之決定《論》、《孟》、〈中庸〉、《易傳》也。

從以上引文來看，牟氏這個觀點可以概括地表達爲：

1. 〈大學〉只是個空殼子，它只是標出一個實踐的間架而已。
2. 這個間架非即荀學，也跟《孟子》不同一系不同層次。

＊

從以上的介紹可以看出，當代學者對〈大學〉思想性格的爭論，大約起於於 1930 年，而集中於 1960 年代。爭論的焦點，在於〈大學〉與孟、荀思想的關係。這是一場斷斷續續不大不小平和地進行的學術爭論，雖然最後並沒有真正獲得一個共同認可的答案（當然，學界似乎多數傾向於〈大學〉為孔孟之學的觀點，也就是繼續沿襲了傳統的觀點），但是累計下來，所呈現所累積的材料和思考角度都是極為豐富的。

〈大學〉思想性格的爭論，是〈大學〉思想這個八、九百年的舊公案在當代所泛起的新波瀾。透過對諸論證的歸納整理，本節已將這個新波瀾的面貌作了個大致的呈現。我將在下節繼續對上述諸觀點的得失進行討論，並且針對「〈大學〉為荀學說」的觀點提出一些初步的論證。

第三節　〈大學〉是荀學
──對馮友蘭「大學為荀學說」的確認

一、對當代〈大學〉思想性格之爭的檢討

統觀當代學者對〈大學〉思想性格所作的諸多論證，我認為它們在方法上或多或少呈現了一些缺失。這些缺失，歸納起來有以下三點：

1. 沒有充分探究〈大學〉的本義，對〈大學〉思想的理解多半因襲舊說，因而影響了論證的結果。

2. 延續傳統尊孟抑荀的成見，沒辦法持平地比較孟子、荀子的思想，對兩者異中有同、同中有異的狀況認識不夠，因而限制了論證的方向。

3. 在比較〈大學〉與孟子、荀子思想的異同時，往往只作局部而表層的對照，缺少全面而系統的處理，因而減低了論證的準確性和整體性。

應該說，正是由於這些缺失的存在，使得這一場爭論雖然逐漸平息，但卻只是不了了之而已，並沒有真正碰觸到核心，並沒有真正解決問題，這是非常可惜的。

如今，應該是重新作個檢討與釐清的時候了。底下，我先針對這場爭論中的幾種立場幾種觀點，作個簡單的評論：

首先，「〈大學〉為孔學」和「〈大學〉為董仲舒之學」兩個觀點以及「〈大

學〉爲荀子以前的『純』孟學」的主張，因爲與我們目前所認定的〈大學〉撰著時代（約爲戰國末荀子以後到漢初以前）不合，可以暫時不加考慮。

其次，「〈大學〉爲孟學、荀學的綜合」的觀點，不管是指拼湊的混合或有機的融合，都不太可能成立。前者（拼湊的混合）與〈大學〉所呈現的緊密系統不合。後者（有機的融合）則難度很高。應該說，就孟子、荀子這兩個完整宏偉但性格迥異的思想而言，要將兩者緊密地融合爲一體（韋政通所謂的「創造性的綜合」），在〈大學〉那個時代（孟子，尤其荀子，才剛出現不久呢）似乎還是很不容易做到的事。

至於「〈大學〉是個非即荀學又與《孟子》不同系不同層次的空殼子」的觀點；則似乎很難具體地解釋何以會出現以及如何才會出現這麼一個特殊的「空殼子」。值得注意的是，此觀點的提出者牟宗三對於「〈大學〉與《孟子》不同系不同層次」的部分頗爲強調也有所說明，但對於「〈大學〉非即荀學」的部分卻輕輕帶過；而他所謂的「荀子亦是橫攝系統」、「〈大學〉既非直貫系統，亦非顯明地是橫攝系統」等語，則似乎暗示著他所謂的「〈大學〉非即荀學」其實只是「〈大學〉無法明顯地證明爲荀學」的意思而已。也就是說，牟宗三的觀點，頗接近「〈大學〉爲荀學」一說。

相較之下，最有可能的還是「〈大學〉爲孟學」與「〈大學〉爲荀學」兩個觀點。以孟子思想爲立場來吸收消化若干荀子的思想（這是一般所謂「〈大學〉爲孟學的實義」），或以荀子思想爲立場來吸收消化若干孟子思想（這是馮友蘭、錢穆和本書所謂「〈大學〉爲荀學」的實義），都是在當時可能發生也比較容易做到的事。至於這兩個觀點何者才符合事實，那就須要進一步的論證了。在這兩個觀點既有的論證中，主張孟學一派似乎更見綿密深入，而頗具說服力。然而我認爲，如果可以避免上述種種論證上的缺失，重新做個系統性的考察，我們將會發現，最早由馮友蘭所提出的「〈大學〉爲荀學」的觀點才是可能通過各項質疑，重新獲得肯定的一個觀點。

本節後面的部分，我要就「〈大學〉爲荀學」的觀點提出一個初步的、基本的論證。然後，在後面的各章中，我會繼續在各個相關的地方提出進一步的、具體的論證來。

二、從《二戴記》看〈大學〉爲荀學的可能性

〈大學〉爲《小戴禮記》中的一篇，因而在傳統尊經、尊孟、抑荀的風

習下，「〈大學〉爲荀學」的觀點的確是不容易出現也更不容易被接受的。然而，荀子與儒門群經的關係，原本就是密不可分的。正如馮友蘭以及近現代經學史學者所指出，荀子博學於文，是承傳群經的大功臣；尤其群經中的《二戴記》，上承荀子「隆禮樂」的精神，大半從荀學的觀點來論禮，甚至有若干篇章直接錄自荀子的原文；「荀學之努力，固較漢以後人所想像者大多多也。」〔註37〕

就《二戴記》來說，閻隆庭具體比對《二戴禮》和《荀子》後發現，現存《大戴記》四十篇中，有八篇在篇名或內容或文句上與《荀子》或多或少地相同相近，有多篇與《荀子》「文句殊異，而涵義暗通」；而在《小戴記》四十九篇中，則更有多達三十二篇（含〈大學〉）在篇名或內容或文句上與《荀子》或多或少地相通相近；並且，《荀子》、《大戴記》、《小戴記》三者（就現存部分而言）所論喪葬之禮與生者之禮的份量都是三分之二對三分之一左右。〔註38〕由這個背景看來，〈大學〉屬於荀學的可能性不只存在，而且還是很高的。

三、從「大學」的概念論〈大學〉的荀學性格

主張「〈大學〉爲孟學」的徐復觀曾經指出，在諸子百家中，最先談到學校制度的，莫詳於《孟子》這一段話：「設爲庠序學校以教之……夏曰校，殷曰序，周曰庠。學則三代共之，皆所以明人倫也。人倫明於上，小民親於下」；他又說：

> 自孟子起，漸將司徒系統下所主管的「明人倫」，大司樂系統下所主管的特別教育節目，及由孔子所開始的民間講學的三個系統，揉合而爲一，以構成古代的教育制度，而出現了一般之所謂學校性質的觀念……

基於此，徐氏認爲《荀子·大略》雖有「立大學，設庠序」一語，但一來「〈大略〉篇多係輯錄荀子後學之語；非出自荀子本人」，二來「荀子詳於禮教，卻從未言及學校制度」，所以「大學」的觀念與荀子無關，而是承孟子的「謹庠序之教」所發展下來的。〔註39〕

〔註37〕 參見馮友蘭：〈大學爲荀學說〉，《燕京學報》7，1930 年 6 月；李威熊：《中國經學發展史論》（台北：文史哲出版社，1988），頁 63、105～106。

〔註38〕 參見閻隆庭：《大小戴記與荀子關係之探索》（台北：政治大學中國文學研究所碩士論文，1976），頁 147～149。

〔註39〕 見徐復觀：《中國人性論史：先秦篇》，頁 267、272、275。

以上徐氏的看法並不確當，孟子這段話應該只是敘述古代庠序學校的舊傳統，然後運用他那時候新起的觀念作出貫穿的解釋。至於進一步從制度設計的角度提出「大學」的概念，那就必須從荀子的脈絡來解釋了。在現有文獻中，「大學」一詞最早出現於《荀子‧大略》篇：

> 不富無以養民情，不教無以理民性。故家五畝宅，百畝田，務其業而勿奪其時，所以富之也。立大學，設庠序，脩六禮，明七教，所以道之也。《詩》曰：「飲之食之，教之誨之。」王事具矣。

據楊倞註，此篇「蓋弟子雜錄荀卿之語，皆略舉其要，不可以一事名篇，故總謂之大略也」。〔註40〕通讀該篇全文，的確頗像語錄匯輯，內容也具備一定的水準，楊倞的看法應該可信，所以當代一般註家並無異議。據此則〈大略〉中「大學」的概念應是出自荀子本人。即使真如徐氏所說，「〈大略〉篇多係輯錄荀子後學之語」，我們也可以說，「大學」的概念出自荀子門下，跟荀子有密切的關聯。

荀子之後，緊接著，在《呂氏春秋‧孟夏紀‧尊師》裡也出現「太學」一詞：〔註41〕

> 君子之學也，說義必稱師以論道，聽從必盡力以光明。聽從不盡力，命之曰背；說義不稱師，命之曰叛；背叛之人，賢主弗內之於朝，君子不與交友……天子入太學，祭先聖，則齒嘗為師者弗臣，所以見敬學與尊師也。

這段話的末句，與《禮記‧學記》的「大學之禮，雖詔於天子，無北面，所以尊師也」一句，基本意思相同；而中間的部分，則與《荀子‧大略》的「言而不稱師謂之叛，教而不稱師謂之倍。倍叛之人，明君不內，朝士大夫遇諸塗不與言」意思相當。所以這段話中的「太學」，就等於「大學」，而且明顯地來自荀子。

我在前面還曾經提過，漢武帝時代董仲舒「興太學」的方案也是從荀子「立大學」的構想來的。從以上的事實，已可確知，「大學」的概念來自荀子，而非孟子。雖然如徐氏所說，在〈大略〉篇以外，荀子沒有談及學校制度；可是荀子主張「性惡」、大力「勸學」、看重「師法」、推尊「聖王」、肯定「儒

〔註40〕轉引自王先謙：《荀子集解》（成文出版社據 1936 上海世界書局《諸子集成》排印本影印），卷 19。

〔註41〕陳奇猷：《呂氏春秋校釋》（台北：華正書局，1985），頁 206。

效」、關心「王制」，這樣的思路，卻可以充分說明他就制度設計的角度提出
「立大學」這個構想的緣由。他應該是要藉著大學來培養他心目中能夠盡倫
盡制的「聖王」和足以成爲「國具」〔註42〕的儒者來爲民型儀來調理民性的；
這是有別於孟子從性善論立場而來的那種較直接較順成的「人倫明於上，小
民親於下」的想法的。

　　由以上討論可以推斷，〈大學〉應該是荀子一派學者循著荀子所提出的「大
學」概念所寫成的作品。

四、從引書現象論〈大學〉的荀學性格

　　〈大學〉引書跟《孟子》、《荀子》一樣，以引《詩經》和《尚書》爲主。
但《孟子》引書（以孟子本人言論中所引爲限）與〈大學〉相同的只有一處：
〔註43〕

　　……《詩》云：「周雖舊邦，其命維新。」是故君子無所不用其極。
　　（〈大學〉）

　　《詩》云：「周雖舊邦，其命惟新。」文王之謂也。子力行之，亦以
　　新子之國！（《孟子·滕王公上·3》）

至於《荀子》引書（也以荀子本人言論中所引爲限）與〈大學〉相同和相近
的則有以下四組共六則（前三組引書相同共五則，末一組引書相近一則）如
下：

（一）

　　《詩》云：「……有斐君子，如切如磋，如琢如磨……」如切如磋者，
　　道學也。如琢如磨者，自修也……（〈大學〉）

　　人之於文學也，猶玉之於琢磨也。《詩》曰：「如切如磋，如琢如磨。」
　　謂學問也。（《荀子·大略》）

〔註42〕 「國具」出自〈君道〉篇：「故人主必將有便嬖左右足信者然後可，其知惠足
　　　　使規物，其端誠足使定物然後可，夫是之謂國具……必將有卿相輔佐足任者
　　　　然後可，其德音足以鎭輔百姓，其知慮足以應待萬變然後可，夫是之謂國
　　　　具……」，見《荀子新注》頁250。
〔註43〕 以下的比對工作中，《孟子》、《荀子》的引書資料依據李振興，〈先秦典籍引
　　　　經輯略〉，政治大學中文研究所《中華學苑》38，1989年4月。

（二）

《詩》云：「其儀不忒，正是四國。」其爲父子兄弟足法，而后民法
之也。（〈大學〉）

故仁人之用國，非特將持其有而已也，又將兼人。《詩》曰：「淑人
君子，其儀不忒；其儀不忒，正是四國。」此之謂也。

（《荀子・富國》）

……四王皆以仁義之兵行於天下也。故近者親其善，遠者慕其義……
《詩》曰：「淑人君子，其儀不忒；其儀不忒，正是四國。」此之謂
也。（《荀子・議兵》）

論法聖王，則知所貴矣……故尊聖者王，貴賢者霸……《詩》曰：「淑
人君子，其儀不忒；其儀不忒，正是四國。」此之謂也。

（《荀子・君子》）

（三）

〈康誥〉曰：「克明德。」〈太甲〉曰：「顧諟天之明命。」〈帝典〉
曰：「克明峻德。」皆自明也。（〈大學〉）

故主道利明不利幽，利宣不利周……《書》曰：「克明德。」《詩》
曰：「明明在下。」故先王明之，豈特宣之耳哉！

（《荀子・正論》，按：此處所引的《書》即〈大學〉所引的〈康誥〉
同處）

（四）

《詩》云：「樂只君子，民之父母。」民之所好，好之；民之所惡，
惡之；此之謂民之父母。（〈大學〉）

《詩》曰：「愷悌君子，民之父母。」……父能生之，不能食之；母
能食之，不能教誨之；君者，已能食之矣，又善教誨之者也……

（《荀子・禮論》）

比較起來，《荀子》引書與〈大學〉相同相近的，不但在數量上極明顯地多於
《孟子》，在內容上更都是荀子思想關鍵所在。由此可以推論，〈大學〉應是
出自荀學。

五、從思想內容論〈大學〉的荀學性格

　　思想內容應是決定〈大學〉思想性格的主要原因，不過這方面的論證我將在往後各章中詳細提出，底下只將若干要點概略敘述一下：

　　1. 依〈大學〉原義，「明明德、新民、止於至善」都是屬於外王領域的事，其中並無跟孟子「性善」論直接相關的線索。

　　2.〈大學〉「知止」而後「定、靜、安」而後思慮、格物的致知方式，與荀子基於「將求道」與「虛壹而靜」的前提而「思道」、而「知道」的型態相近；而與孟子講「不慮而知」，重自覺、自得的方式極不相同。

　　3.〈大學〉所「格」的「物」，可以包括禮義之道；〈大學〉所「致」的「知」的性質──「本末、終始」──與荀子對「禮」的界定相似；〈大學〉的核心概念「知本」，也與荀子「知其統」、「知貫」等語極爲相近。

　　4. 孟子極少用「意」字，荀子則用了許多，所以〈大學〉的「誠意」，與荀子的關係較爲密切。〈大學〉的「誠意」又純爲工夫義，不具本體義，應是荀子「誠心守仁，誠心行義」一路的修養工夫。

　　5.〈大學〉要求君王彰明自身德行作爲表儀，藉以教民、新民；這是荀子尊君、重師法、重調理民性一路的思想。

　　6. 荀子以「止諸至足」爲個人成學的終極目標，以「至平」爲美好施政的效驗，又以「正理平治」解釋「善」；這些概念的綜合，跟〈大學〉在政治實踐上所講的「止於至善」頗爲接近。

　　7.〈大學〉的「絜矩（挈法）之道」，即荀子的「操術」，而與孟子的「推恩」、「擴充」絕不相同。

　　8.〈大學〉的「以義爲利」，與荀子「先義而後利」的觀點相近，而與孟子義利相斥，絕不言利的理念不合。

＊

　　本節已經就〈大學〉的荀學性格，作了初步的討論。以下各章，我們將一方面在荀學思路的參照對比和支持下，正式詮論〈大學〉的思想；也一方面在這詮釋過程中，更詳細地完成「〈大學〉爲荀學」的論證工作。

第四章　知止以格物──〈大學〉的致知論

　　首先要再度說明的是，本章所謂「致知論」的「致知」一詞，採用〈大學〉「致知」一詞的本義，也就是「求知」、「去獲得某一種知」的意思（參見本書第一章第三節）。這個用法，是與朱子「推極吾之知識」的解釋有些差異，而與王陽明「致良知」的意思絕不相同的。

　　其次，向來，包括朱子學派、陽明學派以及清儒在內，在談到〈大學〉的「致知」時，都會拿「明明德」來與它互相說明，把兩者看作同一個層次甚至同等的概念。然而，正如前面所討論過的，依〈大學〉原義，「明明德」應放在政治論裡面來談，所以在本章中，並不直接將「明明德」納入討論。

第一節　「格」與「物」
──致知的方法以及所用的素材

　　〈大學〉說：「致知在格物」。這句話明白地告訴我們，「致知」的方法就是「格物」；其中「格」字是方法的本身，「物」字則指所用到、所處理的素材。底下，我們就分成這兩方面來探討「格物」這個〈大學〉全文中最受爭論的概念。

一、對物而「格」──致知的方法

　　依第一章第三節的討論，〈大學〉「格物」的「格」指的是「安而后能慮，

慮而后能得」的「慮」，也就是「量度」的意思；而除此之外，並沒有其他線索可以直接說明「格」字。然而，由於這個「格」是對「物」而「格」，並且「格物」是〈大學〉唯一提到且列為八條目之一的致知方法，我們可以確定，〈大學〉的致知方法是荀子側重以外在學問為對象去思慮、去學習的一路，而與孟子側重自覺、自得的方法有別。

具體來看，《孟子》一書中，「思」字用了二十八次（用於人名不計），「慮」字則只有六次〔註1〕。孟子說：「心之官則思，思則得之，不思則不得也。此天之所與我者。」（〈告子上〉15）又說：「人人有貴於己者，弗思耳矣。」（〈告子上〉17）這都是與外在對象無關的「思」，而都是孟子致知方法的極重要部分。孟子又說：「人之所不學而能者，其良能也；所不慮而知者，其良知也。」（〈盡心上〉15）此外，在說明樂正子何以適合為政時，孟子也認為，儘管樂正子在「知慮」、「強」、「聞識」等方面都有所不足，但樂正子「好善」，光「好善」這一點就夠了（〈告子下〉13）。由以上可見，孟子所謂「思」正是一種「不慮而知」的道德直覺，跟「慮」是不一樣的概念，而「慮」在孟子致知論中並沒有重要的地位。整體來看，孟子的致知方法與〈大學〉的「格物」絕不相同。

然而在《荀子》一書中，「思」字用了五十次，「慮」字則多達六十七次；其中含「思索」五次，「思慮」三次（可見荀子的「思」與「慮」相近相通），「智慮」二次，「知慮」十一次。〔註2〕我們看：

> 君子博學而日參省乎己，則知明而行無過矣……吾嘗終日而思矣，
> 不如須臾之所學也……君子生非異也，善假於物也。（〈勸學〉）

> 君子知夫不全不粹之不足以為美也，故誦數以貫之，思索以通之，
> 為其人以處之……使心非是無欲慮也。（〈勸學〉）

> 禮之中焉能思索，謂之能慮；禮之中焉能勿易，謂之能固。能慮，
> 能固，加好之者焉，斯聖人矣。（〈禮論〉）

> 今人之性固無禮義，故彊學而求有之也。性不知禮義，故思慮而求
> 知之也。（〈性惡〉）

> 今使塗之人伏術為學，專心一志，思索孰察，加日縣久，積善而不
> 息，則通於神明，參於天地矣。（〈性惡〉）

〔註1〕據陳立夫主編：《四書章句速檢》，台北：世界書局，1987再版。
〔註2〕據《荀子引得》，台北：宗青圖書出版公司，1986影印哈佛燕京學社版。

故人主必將有卿相輔佐足任者然後可，其德音足以鎮輔百姓，其知慮足以應待萬變然後可，夫是之謂國具。（〈君道〉）

志意脩，德行厚，知慮明，是榮之由中出者也，夫是之謂義榮。

（〈正論〉）

由以上可見，荀子的致知方法，是就著特定對象如禮義、學問等「物」（從上引第一則就可以看出，君子的所「學」正相當於一種「物」）來進行思索、思慮的方法；而「慮」字（這是〈大學〉裡相當於「格」字的另一個用語）在他的致知論中，也遠超過在孟子中的份量，而具有極重要的地位。這都與〈大學〉就「物」而「格」、對「物」而「格」的方法相吻合，而可視爲〈大學〉致知方法所從出的源頭母體。有了這樣的了解，我們便不會驚訝於〈大學〉與《荀子》居然一致地將《詩經・衛風・淇奧》「如切如磋」一句分別詮釋爲「學」和「學問」，以及〈大學〉爲何就用這個詮釋來對應「格物致知」兩個條目了（參見本書第二章第二節）：

詩云：「瞻彼淇澳，菉竹猗猗。有斐君子，如切如磋，如琢如磨……」
如切如磋者，道學也……（〈大學〉）

人之於文學也，猶玉之於琢磨也。《詩》曰：「如切如磋，如琢如磨。」
謂學問也。（《荀子・大略》）

進一步來看，動詞後加「物」字，在《孟子》一書中只有「天之生物」、「物交物」、「儀不及物」、「仁民而愛物」等一般用法的四個例子。〔註3〕然而在《荀子》中卻有多達二十六個例子：「善假於物」（一次，以下未標出的都是一次）、「役物」（二次）、「觀乎雜物」、「倚物」、「勝物」（二次）、「權物」（二次）、「規物」、「定物」（三次）、「因物」、「思物」、「理物」、「窮乎物」、「備物」（二次）、「天能生物」、「辨物」、「比物」、「物物」、「贊稽物」（二次）、「觀物」、「言物」、「天官之意物」、「重物」（二次）、「求物」、「輕物」（二次）、「從物」、「見物」等。〔註4〕特別的是，在這二十六個例子當中，「權物」、「思物」、「理物」、「辨物」、「比物」等詞，都跟〈大學〉「格物」相似相關；而〈解蔽〉篇的「贊稽物」（進考於物）一詞，在語義、用法上更是極爲接近：〔註5〕

〔註3〕〈滕文公上〉5、〈告子上〉15、〈告子下〉5、〈盡心上〉45，據《四書章句速檢》。
〔註4〕出處從略，請參見《荀子引得》「物」字各條。
〔註5〕〈解蔽〉，北大哲學系校注：《荀子新注》（台北：里仁書局，1983），頁424。

> 壹於道以贊稽之，萬物可兼知也……故君子壹於道而以贊稽物。壹
> 於道則正，以贊稽物則察，以正志行察論，則萬物官矣。

看來荀子眞的很愛造用新詞來表達自己的思想呢！從這個脈絡這個背景我們可以確信，原來〈大學〉的「格物」一詞並非完全憑空而來，並非完全孤立的一個特例。我們可以推斷，〈大學〉的「格物」一詞在義涵上，在造詞意態上都源於荀子，它應是從荀子的致知方法所醞釀出來的一個濃縮的表達。

二、所「格」的「物」——致知時所用的素材

「格物」的「格」字，是〈大學〉的致知方法，「物」字則是致知時所面對的素材。對「物」字的解釋，表面上較無問題，其實仍須費心探究。鄭注、朱注都說：「物猶事也。」王陽明也說：「物者事也。凡意之所發必有其事，意所在之事謂之物。」〔註6〕他們都是直接就「物」字作廣泛的解釋的。南宋黎立武則在〈大學〉本文裡找線索，他說：「物有本末指心、身、家、國、天下而言……格物即物有本末之物。」〔註7〕此外又有到〈大學〉以外去找線索而別出新解的，如李塨說：〔註8〕

> 物者，大學教人之成法，如禮、樂等是也……誠意以至治、平，下
> 皆有覆明之文，而致知、格物無者，以致知之功在於格物，而格物
> 之事，即在大學，作書者之時大學教法尚在，不必言也……《周禮》
> 大司徒「以鄉三物教萬民而賓興之。一曰六德：智、仁、聖、義、

楊倞釋首句爲：「贊，助也；稽，考也；以一而不貳之道助考之，則可兼知萬物。」但據文意，「壹於道」只是專一於求道，此時還不能有所謂「以道助考之」（而且「以道助考」在意義上也不甚妥切），所以這裡「贊」字改採戴君仁說，取「進」一義（出自《漢書》東方朔傳顏注）。又，戴君仁、毛子水已先後指出〈大學〉的「格物」相當於《荀子》的「贊稽物」，這裡只是參考他們的解釋而稍作修改。參見戴君仁，〈荀子與大學中庸〉，《梅園論學集》（台北：台灣開明書店，1970），頁230～232；毛子水：〈「致知在格物」：一句經文說解的略史〉，《輔仁學誌（文學院之部）》11，1982年6月。

〔註6〕 王守仁：〈大學問〉，《王文成公全書》（四部叢刊本），卷26，頁9上。

〔註7〕 黎立武：《大學本旨》，學海類編本，《叢書集成新編》（台北：新文豐出版公司），冊17，頁407～408。按：王陽明的弟子王艮也提出同樣的說法（被稱爲「淮南格物說」），而頗受劉宗周的推崇；參見《明儒學案》，卷32，黃宗義語。

〔註8〕 李塨：《大學辨業》，畿輔叢書本，《叢書集成新編》（台北：新文豐），冊17，卷2，頁425。按：李塨的老師顏元已有此說，但較爲簡略。

忠、和。二曰六行：孝、友、睦、婣、任、卹。三曰六藝：禮、樂、
射、御、書、數。」此「物」字正「格物」之「物」，古聖之學也。
而日本學者物徂徠也說：[註9]

物者，道之一節，聖人建而名焉，可執而有之，如有一物然。師以
此教之，弟子以此學之，非後世漫然以義理教人者比矣。六藝亡失，
其詳也弗可聞焉。然其一二存焉者，如《周禮》「鄉三物」，都其大
者也；「射五物」，其小者也。它如《左傳》「禮之善物」、〈祭統〉「夫
祭之爲物」、《孟子》「舜明於庶物」「萬物皆備於我矣」皆是也。

以上是歷代幾個代表性的解釋，不過現在我們要重新來看。首先，〈大學〉裡
的「物」與「事」有明確的區別，不可混淆：

第一，〈大學〉說：「物有本末，事有終始。」這裡「物」與「事」顯然
是兩個不同的概念。

第二，〈大學〉說「格物」可以「致知」，而「知之至」的內容是「知本
（末）」，不是「知終始」。可見所「格」的是「物」，不是「事」。

第三，〈大學〉說：「物有本末，事有終始，知所先後，則近道矣。」這
句話應該就是讓人誤以爲「事」與「物」同是所「格」的對象的主要原因。
但這句話裡的「知所先後」指的是「知事之終始（先後）」，而「知事之終始」
是「知物之本末」所直接延伸的效應；因此，所「格」的是「物」，所格「知」
的直接地說是「物之本末」，延伸地說才包括與「物」相繫屬的「事」的「終
始」。（參見下節）

第四，但這並不是說，「物」就只是日常語言中狹隘的具體物件。〈大學〉
說：「以修身爲本」，又說：「……先修其身」。前面的「修身」應看作「概念
物」，是所格的對象；後面的「修其身」才純粹是事，而不是所格的對象。只
要知道「以修身爲本」，自然會知道「先修其身」。〈大學〉又說：「君子先愼
乎德」，又說：「德者本也，財者末也」。後者的「德」與「財」顯然是「物」，
前者的「愼乎德」則是「事」。所「格」的是德、財等「物」，一旦格知「德
者本也，財者末也」，自然跟著就知道應該「先」做「愼乎德」的「事」。

從上述的討論可以看出，「格物」的「物」有一部份似乎眞的是「猶事也」；
但嚴格地說，那些其實屬於概念的「物」，與純粹的「事」有本質上的差別，

[註9]　轉引自安井衡：《大學說》，收入《漢文大系》（台北：新文豐出版公司，1978），
第一冊，頁2。

因此我們不能直接用「事」說明「物」。大體上，「格物」的「物」包括了具體的實物（如「財」），也包括抽象的精神性的物（如「德」）和概念性的物（如「修身」、「齊家」等）；包括價值層級較高或實踐序位較前屬於「本」的「物」，也包括價值層級較低或實踐序位較後屬於「末」的「物」。因此，將「物」偏向「事」上說，如鄭玄、朱子、王陽明；或偏向具體的實物上說，如黎立武；或偏向純正面價值作為示範標準的事物上說，如李塨、物徂徠，都不恰當。

應注意的是，「格物」的「物」當然包括文中所直接提到和間接涉及到的「物」，如「（誠）意」、「（正）心」、「（修）身」、「（齊）家」、「（治）國」、「（平）天下」、「德」、「財」等，然而卻又不必以此為限。從「物有本末」一語別無所依、憑空說出來看，這「物」本身只是個泛稱，不必特別指實。事實上「格物」一詞主要是揭出一種致知方法，它的構詞本身，除了指出這方法的型態外，可以只是表達出所用素材的基本內容，而不必同時標出它的進一步的門檻。譬如就「讀書」一詞而言，它所指的也是一種致知方法，而我們不能直接要求在「書」字裡面包含有「好書還是壞書、哲學還是文學」的限定一樣。

那麼，〈大學〉「格物」的「物」，基本上只是一個包括實物與虛物的「大共名」而已。而這樣說也並不意味著必須對這無邊無際的「物」一一去格。事實上對這萬般的「物」要如何有效地限定範圍來董理掌握是另一個層次的問題。我們當然可以說，與「格物、致知、誠意、正心、修身、齊家、治國、平天下」有關的和所需的「物」，應該就是「格物」的主要範圍。但這是依著〈大學〉實踐目標而限定的「格物」的範圍，不必直接說成「物」字本身所該有的範圍。

以這個了解為前提，我們再來看看，在〈大學〉撰著的背景環境中，在「物」字廣大的範圍內，有那些特殊的具體實例。前述李塨所提《周禮》裡的「鄉三物」是個好例子（但不應拿它當「物」的全部）；而物徂徠所舉的例子更多。這裡我們再提出一個絕不能忽略的例子，那是在《荀子‧賦》裡的五篇短賦：

> 爰有大物，非絲非帛，文理成章……生者以壽，死者以葬，城郭以固，三軍以強。粹而王，駁而伯，無一焉而亡……王曰：此夫文而不采者與？簡然易知而致有理者與……性不得則若禽獸，性得之則雅似者與……致明而約，甚順而體，請歸之禮。禮。
>
> 皇天隆（通「降」）物，以示下民，或厚或薄，常不齊均。桀、紂以

亂，湯、武以賢……大參乎天，精微而無形。行義以正，事業以成……
曰：此夫安寬平而危險隘者邪？脩潔之爲親而雜汙之爲狄者邪……
明達純粹而無疵也，夫是之謂君子之知。知。

有物於此，居則周靜致下，動則蒙高以鉅……託地而游宇，友風而
子雨。冬日作寒，夏日作暑。廣大精神，請歸之雲。雲。

有物於此……屢化如神。功被天下，爲萬世文。禮樂以成，貴賤以
分……蛹以爲母，蛾以爲父，三俯三起，事乃大已。夫是之謂蠶理。
蠶。

有物於此，生於山阜，處於室堂。無知無巧，善治衣裳……既以縫
表，又以連理。夫是之謂箴理。箴。

在這五篇裡面，除了雲、蠶、箴等一般的「物」外，「禮」和「知」這兩個荀
子思想的核心概念，前者被稱爲「大物」，後者被描述爲「皇天降物」。可以
相信，「禮」和「知」這兩個在《荀子・賦》裡特別重要的「物」當然也會是
〈大學〉格物時所特別看重的「物」。

＊

綜合以上對「格」和「物」的討論，我們對「格物」的概念或許已得到
一個較合乎〈大學〉本義的新詮釋：它是對於與「道」的實踐相關的種種「物」
（包括具體的與抽象的，包括形質的與概念的，也包括現實的與理想的等等）
加以思慮量度、拿捏揣摩的一種致知方法。〔註 10〕以此新詮釋爲基礎，我將
在後兩節進一步探討〈大學〉致知論的其他問題。

第二節　知本——致知的達成及其實質內涵

〈大學〉說：「致知在格物。物格而后知至」，顯然「知至」是「格物」
的結果，也就是「致知」的實現。前面說過，「致知」是去獲得一種「知」，「知
至」是已經獲得那個「知」。現在我們就根據這個解釋，進一步來討論所獲得
的「知」的實質內容。

〔註10〕用「拿捏揣摩」來解釋〈大學〉的致知方法，是蔡錦昌所提出的。參見蔡錦
　　　昌：〈中國古代的思考方法——拿捏分寸的思考〉，《從中國古代思考方式論較
　　　荀子思想之本色》（台北：唐山出版社，1989），頁 28。

一、「知至」的實質內容：「知本」

　　歷來對「知至」的理解差異極大。孔疏說是「物既來則知其善惡所至；善事來則知其至於善，若惡事來則知其至於惡。」朱注說是「吾心之所知無不盡也。」王陽明說是「良知之所知者無有虧缺障蔽而得以極其至矣。」〔註11〕它們都是普泛地就著「知」字來發揮，雖然各有所見，卻沒有具體地就著〈大學〉的脈絡來思考。

　　在上述對〈大學〉最重要的幾個詮釋之外，反而可以看到有人從〈大學〉本文裡尋找線索來解釋，如南宋黎立武，他說：〔註12〕

> 大學之道，其要有三，曰明明德……申之以「知止」，又申之以「於止知其所止」者，所謂「致其知」、「知之至」也。……爲格物致知之學者，不於「知止」片言求之，何以識聖賢之蘊？

> 自「物有本末」至「修身爲本」百六十餘言，於「物格而后知至」，其說已盡。

又如朱子改本以外的許多改本，在其「格致」章（或稱傳）中，也都儘量用〈大學〉原有文句來說明「致知」與「知至」；其中較具有代表性的三個例子如下：〔註13〕

> 「知止而后有定……慮而后能得」，此謂知本，此謂知之至也。（南宋林之奇改本）

> 「知止而后有定……慮而后能得。物有本末……知所先後，則近道矣」，此謂知本。「子曰：聽訟吾猶人也……此謂知本」，此謂知之至也。（南宋董槐改本）

> 「物有本末……知所先後，則近道矣」。「詩云：『緡蠻黃鳥……』子曰：『於止，知其所止，可以人而不如鳥乎？』」。「知止而后有定……慮而後能得。」「詩云：『邦畿千里……』」。「子曰：聽訟吾猶人也……此謂知本」。「自天子以至於庶民，壹是皆以修身爲本。其本亂而末治者，否矣。其所厚者薄，而其所薄者厚，未之有也。」「物格而

〔註11〕王守仁：〈大學問〉，《王文成公全書》，卷26，頁10上。
〔註12〕黎立武：《大學發微》；又《大學本旨》「聽訟」句釋文。
〔註13〕參見李紀祥：《兩宋以來大學改本之研究》（台北：台灣學生書局，1988），第八章第四節「格致章、格致傳與格物補傳」，特別是頁340、342。

后知至……國治而后天下平。」，此謂知本，此謂知之至也。

（明豐坊僞石經本）

總計黎氏和三個改本所揭出的線索，包括「知止」、「於止，知其所止」、「知所先後」與「知本」（「修身」及「使無訟」兩處）等；大致上古今學者所能找到的線索都在其中了。〔註14〕

　　直接就著〈大學〉本文的線索來理解「知至」，這已經是值得肯定的了。不過，到目前爲止的這類解釋，它們或者是使用改本，或者仍然受到改本派觀點的潛在影響，或者是對文意脈絡理解錯誤，因此都還是有些隔靴搔癢。所以，底下我要依據大學原文（古本）原義，對上述種種線索重新做一個探討。

（一）「知止」還不是「知至」

　　從上面所引黎立武的第一段話來看，他是把「知止」也當作「知至」了。在他以外也有許多學者是這樣理解的，而這都可能是受了朱注的誤導。事實上「知止」只是「整體地、原則地知道最終所止的目標爲何」而已，這與「知至」仍有差別。它相當於「方向、目標的認知體認」，而那只不過是「格物致知」的一個必要的前提罷了，還沒到「知至」的實現。我們將在下節論格物的前提時再來探究這個問題。

（二）「知至」實即「知本」

〈大學〉說：

　　物有本末……物格而后知至……自天子以至於庶人，壹是皆以修身爲本。其本亂而末治者，否矣。其所厚者薄，而其所薄者厚，未之有也。此謂知本，此謂知之至也。

　　子曰：「聽訟，吾猶人也。必也使無訟乎！」無情者不得盡其辭，大畏民志，此謂知本。

　　有德此有人，有人此有土，有土此有財，有財此有用。德者本也，財者末也。外本內末，爭民施奪。

〔註14〕當代學者的討論如高明，〈大學辨〉，《禮學新探》（台北：台灣學生書局，1978三版），頁 128～129；唐君毅：《中國哲學原論·導論篇》（台北：台灣學生書局，1980 五版），頁 300～305；程兆熊：《儒家思想——性情之教》（台灣：明文書局，1986），頁 250～265、270～280。

全文中「本」字就出現了七次，「知本」出現兩次，尤其文中又明白地說到「此謂知本，此謂知之至也」；由此可見「本」和「知本」都是〈大學〉作者所特別看重的概念，而從「知本」來理解「知至」絕對是正確無誤的。可惜的是，朱子爲了改正他所以爲的錯簡，在「此謂知本，此謂知之至也」一句前面插入「三綱領」、「本末」、「格致」諸傳，又把該句前半截「此謂知本」看作衍文，把該句後半截「此謂知之至也」接到「格致」傳末句——「此謂物格」——之後；於是「此謂知本，此謂知之至也」就變成了「此謂物格，此謂知之至也」；一個〈大學〉裡面至爲關鍵的線索，就在元、明、清、民國以來無數研讀朱子改本的學子面前消失了。

上面說到，「知至」所指的應是「知本」；也就是說，〈大學〉所要追求的「知」是一種「知本」的「知」。然而怎樣才是「知本」？從〈大學〉原文的線索出發來思考，我們對「知本」的了解可以是：（1）所謂「物有本末」，指的是某一「物」或爲本或爲末，並非說一「物」本身同時具有「本」、「末」兩個彼此不同的部份。（2）所謂一「物」爲本，是跟另一「物」（彼爲末）相對而言的，不能就孤立的一「物」說它是本或是末。（3）甲「物」相對於乙「物」而言是本，卻有可能相對於丙「物」而言是末；亦即一「物」是本還是末，並非固定而絕對的。（4）就「道」的實踐所相關的「物」而言，在任何相對的二「物」中，對於「道」的實現具有正面而根本的作用的，便是「本」；而另一「物」則是「末」。（5）在任何二「物」中，藉由思慮量度、拿捏揣摩的工夫（所謂的「格」），明確地分辨出何者爲本，何者爲末，這便是「知本」了。（6）所謂「知本」，事實上等於「知本末」；「知本」是「知本末」的一個省略說法。

（三）「知所先後」是「知至」也是「知本」

一般常把「知所先後」直接看成對「本／末」或「終／始」的知所先後，也就是「知『本、始所先，末、終所後』」（朱注）；這其實是把「知所先後」一般化，把它在〈大學〉思想體系裡的重要性淡化了。應該說，「本、始所先，末、終所後」的意思，原就內含在「本末」與「始終」的概念裡面，這是不說自明的，〈大學〉沒有必要在這裡冗贅地強調這個意思。

事實上，「知所先後」恰恰呼應著前面「慮而后能得」一句，它正是要說明所「慮而後得」的一種「知」的具體內涵的。也就是說，「知所先後」便是「知至」，它不是泛泛地說的「知『本、始所先，末、終所後』」。剛剛說過，

「知至」就是「知本」。底下，我要再度說明，「知所先後」（等於「知至」）也是「知本」。

　　表面上，「知所先後」承「事有終始」而來，指的是對「事」的「終始」的辨知（「終始」就相當於「先後」）。進一步看，「事有終始」又是承「物有本末」而來的。所謂「事」恰恰是關聯著「物」的事，而一「物」是本是末，直接就決定了跟它相關聯的一「事」是始是終。這正是明代鹿善繼所說的：

〔註15〕

　　　　事即跟物來，處物即是事。惟有本末，故有終始。

基於這點，我們可以說，就「知至」的內容而言，「知事之終始」是伴隨「知物之本末」而來的，本身並無獨立地位。應該說，凡被「格」的，在本質上都是「物」（見上節）。格物的所知，直接地說，只是「物之本末」；延伸地說，則包括「事之終始」在內。因此所謂「知所先後」，表面上說的是「知事之終始」，而實質上卻是「知物之本末從而知事之終始」。

　　或許，為了行文的需要，〈大學〉先由「物有本末」引出「事有終始」，然後就著後者轉說為「知所先後」，然後又讓這「知所先後」帶出下文八事（八條目）的先後來。總之，承著「能慮能得」的「得」而說出來的「知所先後」（也就是「知至」），其內容表面上是「知事之終始（先後）」，而實質上，或歸結起來，則是「知物之本末」，也就是〈大學〉全文所明顯地強調著的「知本」。

（四）「知其所止」亦屬「知本」

　　〈大學〉在誠意一段引孔子的話說：「於止，知其所止……」。很多人會把這裡的「知其所止」跟「知止而后有定……」的「知止」混同為一。其實這裡的「知其所止」跟「知止」（「認清未來目標」）絕不相同，它屬於更後面「知至」的階段。應該說，在「知其所止」裡頭所知的具體內容「仁、敬、孝、慈、信」（「為人君，止於仁；為人臣，止於敬……」）──其實都包括在「知本」的「本」的範圍裡面。這情況跟「德者本也，財者末也」的「德」是一樣的。因此我們說，「知其所止」屬「知本」。

〔註15〕鹿繼善：《四書說約》，轉引自清儒楊亶驊：《古本大學輯解》，《叢書集成新編》
　　　　（台北：新文豐出版公司），冊17，卷上，頁439。

*

從以上對「知止」、「知本」、「知所先後」與「知其所止」四個語詞的討論，可以發現到——

（1）「知止」先於「知至」，它還不是「知至」。

（2）「知至」擴大地說或延伸地說應是「辨知事物之本末終始」，而不是「知本始所先，末終所後」（兩者重點不同）。

（3）實質上，「知至」便是「知本」；「知本」便是「格物」的具體結果，也是「致知」的具體實現。

到這裡，我們終於可以說，「知本」概念在〈大學〉思想中的份量和地位，比起在朱子、王陽明影響下一般所以為的要大得多了。

二、「知本」概念的思想定位

「知本」既然是〈大學〉裡如此重要的一個概念，那麼它屬於孟學、還是荀學？對此勞思光有過一個相關的論斷：〔註16〕

> ……蓋一分本末，則不能不反溯至「心性」或「天道」一類觀念，即非荀子之說所能安頓者矣……〈學記〉中稍辨「本末」之義，此則近於孟而遠於荀……〈大學〉一篇中之思想，主旨即在論「本末」；此可視作〈學記〉思想之發展或變化。蓋〈大學〉詳論「本末」而以心意為主時，愈接近孟子，而去荀日遠。

勞氏這裡對〈大學〉「本末」概念的論斷，應可擴大地視同他對「知本（末）」概念的論斷。然而他這個論斷與事實極不相符。「以心意為主」的一面暫且不談，底下讓我們具體地從《孟子》、《荀子》裡頭的材料，來為〈大學〉的「知本」重新作個定位。

（一）「知本」並非來自孟子

前面說過，「知本」概念延伸地說則是「知本末終始」。底下我們便就著這個擴展了的內容重新來看「知本」概念與孟子思想的關係。

《孟子》一書中與「本末」、「始終」意義有關的文句如下（屬一般用法或非孟子本人所說的文句不計）：〔註17〕

〔註16〕勞思光：《新編中國哲學史（二）》，頁37～38。
〔註17〕據《四書章句速檢》。

．

王欲行之，則盍反其本矣。五畝之宅樹之以桑……（〈梁惠王上〉7）

且天之生物也，使之一本，而夷子二本故也。（〈滕文公上〉5）

天下之本在國，國之本在家，家之本在身。（〈離婁上〉5）

失其身而能事親者，吾未之聞也……事親，事之本也……守身，守之本也。（〈離婁上〉20）

源泉混混，不舍晝夜，盈科而後進……有本者如是……苟爲無本……（〈離婁下〉18）

天下之言性也，則故而已矣。故者以利爲本……（〈離婁下〉26）

不揣其本而齊其末，方寸之木可使高於岑樓。（〈告子下〉1）

養生喪死無憾焉，王道之始也。（〈梁惠王〉3）

夫仁政必自經界始。（〈滕文公上〉3）

金聲也者，始條理也。玉振之也者，終條理也。始條理者智之事也，終條理者聖之事也。（〈萬章下〉1）

從以上引文可知，孟子頗用到「本」的概念（這應是勞氏做出上述論斷的依據），不過他只是重視這概念，並沒有明顯的把它視爲一個中心概念；他將「本」與「末」並提只一次，但並沒有連爲一詞。另外，他對「始」與「終」的概念用得很少，沒當作重要概念看（最末句看似重要，其實也只把「始」與「終」當動詞用）；他同時提到「始」與「終」只一次，並且也沒有連爲一詞。而他筆下的「本」、「末」更沒有和「始」、「終」一道出現。總之，孟子雖大致看重「本」的概念，但是與〈大學〉視「本」爲中心概念，且一說「本」便可延伸爲「本末終始」的情況是大不相同的。

再看，《孟子》書中以「知」起頭而與「知本」在結構上相同的特殊語詞計有「知言」（二次）、「知義」、「知道」（二次）、「知類」、「知其性」（二次）、「知天」、「知命」、「知務」等八例。〔註18〕這八例中所要「知」的內容，多屬內傾性格，而都與〈大學〉的「知本」有別。這個現象再度證明，〈大學〉的「知本」概念不是從孟子來的。

─────────────

〔註18〕據《四書章句速檢》。

（二）「知本」概念來自荀子

1. 從「本末終始」的概念來看：

《荀子》一書中，作為術語的「本」字用了大約五十次上下（孟子只有大約十一次）。其中包括「大本」、「本統」兩個專門用語（各兩次），包括「本」與「末」並提（但不相連）至少五次，包括「本末」連為一詞四次，尤其又包括「本末」、「終始」同時出現至少三次。另外，書中「終」與「始」並提（但不相連）則至少十五次，「終始」連為一詞也有十三次。〔註19〕單從這些數據，並比對上面《孟子》的有關次數，已可相信，〈大學〉的「知本」與荀子關係更為密切。

我們來看其中較為重要的例子：

> 十年之後，年穀復熟，而陳積有餘。是無它故焉。知本末源流之謂也。（〈富國〉）

> 知隆禮義之為尊君也……知務本禁末之為多材也……是卿相輔佐之材也。（〈君道〉）

> 今汝不求之於本，而索之於末，此世之所以亂也。禮者治辨之極也，強國之本也……（〈議兵〉）

> 貴本之謂文，親用之謂理，兩者合而成文，以歸大一，夫是之謂大隆。（〈禮論〉）

> 有法者以法行，無法者以類舉，以其本知其末，以其左知其右……（〈大略〉）

這些例子都是直接對「本」、「末」概念本身加以運用、論說。比起在《孟子》裡，這對概念顯然在《荀子》這裡得到更大的看重和更直接的使用。再看：

> 學惡乎始？惡乎終？曰：其數則始乎誦經，終乎讀禮；其義則始乎為士，終乎為聖人。（〈勸學〉）

> 以類行雜，以一行萬：始則終，終則始，若環之無端也，舍是而天下以衰矣。天地者，生之始也；禮義者，治之始也；君子者，禮義之始也。為之，貫之，積重之，致好之者，君子之始也……君臣、父子、兄弟、夫婦，始則終，終則始，與天地同理，與萬世同久，夫是之謂大本。（〈王制〉）

〔註19〕據《荀子引得》。

慮必先事而申之以敬，愼終如始，終始如一，夫是之謂大吉。

（〈議兵〉）

凡禮，始乎梲，成乎文，終乎悅校。（〈禮論〉）

從這四個例子可以看出，「始」與「終」的概念在《荀子》裡也比在《孟子》裡有了更直接的掌握和更重要的地位。接著再看「本末」與「終始」一起出現的例子：

禮豈不至矣哉！立隆以爲極，而天下莫之能損益也。本末相順，終始相應，至文以有別，至察以有說。天下從之者治，不從者亂；從之者安，不從者危；從之者存，不從者亡。（〈禮論〉）

……兩情（按此指吉與凶，憂與愉）者，人生固有端焉。若夫斷之繼之，博之淺之，益之損之，類之盡之，盛之美之，使本末終始莫不順比，足以爲萬世則，則是禮也。（〈禮論〉）

制禮，反本成末然後禮也……禮者，本末相順，終始相應。（〈大略〉）

值得注意的是，這三個例子都是用「本末相順，終始相應」（分說）或「本末終始末不順比」（合說）來詮釋、界定「禮」（這正是荀子思想最核心與最高的概念）的。進一步來看，雖然在現實狀況中未必能本末相順、終始相應；但「相順」與「相應」其實便是「本」與「末」、「終」與「始」所潛在地蘊含著的關係。因此「知本」或者說「知本末終始」（完整地說）就相當於「知『本末相順，終始相應』」，就相當於「知禮」了。

荀子把他求知內容的最高標準「禮」，說爲「本末相順，終始相應」，而〈大學〉正就是以「知本（末終始）」爲求知的最高標準。這是「知本」概念來自荀子的有力證據。

2. 從「知本」的概念來看；

《荀子》書中以「知」字開頭而結構近於「知本」的關鍵術語計有「知命」（二次）、「知禮義」（四次）、「知其統」、「知本末源流」、「知方」（二次）、「知天」（二次）、「知貫」、「知道」（七次）、「知名」、「知仁義法正」（三次）等十例。諸例中所「知」的內容多爲外傾性格的概念，這跟〈大學〉的「知本」一樣。而其中的「知其統」和「知貫」又頗值得我們注意：

略法先王而不知其統，然而猶材劇志大……是則子思、孟軻之罪也。

（〈非十二子〉）

> 百王之無變，足以爲道貫。一廢一起，應之以貫。理貫，不亂；不
> 知貫，不知應變。貫之大體未嘗亡也，亂生其差，治盡其詳……治
> 民者表道，表不明則亂。禮者，表也。（〈天論〉）

從引文內容可以看出，「知其統」和「知貫」，都是指稱一種極爲根源性的「知」。
而「統」與「貫」正如「知本」的「本」一樣，都各意味著某一種意義下的
條理。事實上，「知其統」的「統」，便是荀子「統類」的「統」；「知貫」的
「貫」，其含義也與「統類」相當；而「統」與「統類」，明白具體地說就是
「禮義之統」，是「禮法制度的原理原則」。〔註20〕

　　歸納起來，荀子所要求知的內容，基本地說便是「道」，其實質內容則是
「禮義」，而「道」與「禮義」從不同的角度來說便又有「禮義之統」、「統類」、
「貫」以及前面稍早提到的「本末相順，終始相應」等不同的表達。值得注
意的是，針對這幾個分化出來的表達，荀子只就前三個提出「知其統」、「知
貫」兩個表示「知」與「所知」的用語，而對最後較長的「本末相順，終始
相應」一語則還沒有相應的用語出來。很有可能，〈大學〉的作者就是在上述
這背景的薰染與激發下，用濃縮的手法創出「知本」一詞，而把最後這個缺
口給補上了。

✱

　　由本節的討論可以知道，〈大學〉所要「致知」的內容，基本地說便是「知
本」，而「知本」（完整地說便是「知本末終始」）的內涵相當於荀子的「知禮」，
可視爲荀子「知其統」、「知貫」（都是荀子「知禮義」概念的另一種表達）等
語的一個創造性的後繼。連同上節對「物」字的探討，我們可以確定，〈大學〉
所「格」的「物」、所「致」的「知」，都以「禮義」爲中心爲歸結。這樣的
線索，再度肯定了「〈大學〉爲荀學」的觀點。

第三節　從知止到知本──致知的全幅歷程

　　〈大學〉的八條目從「格物、致知」開始到「平天下」結束。在前兩節
裡，我們似乎已經把有關格物、致知的重要環節都探討過了，然而這裡面還
存在一個基本而關鍵的問題：憑空地「格物」就能「致知」嗎？在任何狀況
下，「物格而后知至」都是必然的嗎？「格物」需不需要一個什麼樣的前提呢？

───────────

〔註20〕參見蔡仁厚：《孔孟荀哲學》（台北：台灣學生書局，1984），頁 460〜466。

我們是不是漏掉了格物之前的一段工夫呢？事實上，早在宋代，程頤和朱子對這個問題就已經有過認真的思考，底下，我們不妨先從他們的觀點說起。

一、從程頤、朱子的「補敬說」說起

「補敬說」是由程頤所發端，而由朱子所繼承、闡揚的。朱子曾摘錄程頤有關的話語，並做詮論如下：〔註21〕

> ……又曰：「格物窮理，但立誠意（按：朱子認爲此誠意與經文的誠意不同）以格之……」又曰：「入道莫如敬，未有能致知而不在敬者。」又曰：「涵養需用敬，進學則在致知。」又曰：「致知在乎所養，養知莫過於寡欲。」又曰：「格物者，適道之始；思欲格物則固已近道矣。是何也？以收其心而不放也。」此五條者，又言涵養本原之功，所以爲格物致知之本者也。

這裡朱子把程頤的「涵養需用敬」看得很重要，說這是「格物致知之本」。然而，何以〈大學〉八條目跳過這麼重要的一個「敬」的工夫，直接就從「格物」說起呢？朱子認爲，這是因爲這一段工夫古人已經在「小學」階段做過的緣故。他說：〔註22〕

> 古人由小學而進於大學，其於灑掃應對進退之間，持守堅定，涵養純熟，固已久矣。大學之序，特因小學已成之功。（《文集》）
>
> 今人不曾做得小學工夫，一旦學大學，是以無下手處；今且當自持敬始，使端的純一敬專，然後能致知格物。（《語錄》）
>
> 問：「大學首云明明德，卻不曾說主敬，莫是已具於小學否？」曰：「然！自小學不傳，伊川卻是帶補一敬字。」（《語錄》）
>
> 問：「格物章補文處不入『敬』意，何也？」曰：「敬已就小學處做了。此處只據本章直說，不必雜在這裡，壓重了，不淨潔。」（《語錄》16）

朱子從古代小學、大學分段分工的背景，說明「格物」之前還有一段「敬」的工夫以及《大學》裏頭（「格物」之前）不再重複說「敬」的原因。總之，

〔註21〕 朱子：《大學或問》，轉引自趙順孫：《四書纂疏》（台北：新興書局影印復性書院校刊本，1972），頁36。

〔註22〕 前三則轉引自《四書纂疏》，頁12～13。第四則見《朱子語類》（台北：華世出版社影新校標點本，1987台一版），第二冊，頁326。

完整地說，先得有「敬」才能做好「格物」，這便是程、朱二人的「補敬說」。而上引第三則的「帶補一敬字」，應該就是後人稱程朱這個主張爲「補敬說」的一個根據。

可以說，除了〈格物補傳〉外，「補敬說」是朱子詮釋〈大學〉時另一個同樣重要的補闕工作；只不過前者所要補的是闕文，後者所要補的是闕義而已（當然，朱子認爲〈大學〉這個闕義是合理的「闕所當闕」）。雖然「補敬」說沒有寫進《大學章句》裡面，而只出現在《大學或問》和有關的語錄中，卻也受到相當的注意。像王陽明就曾對這個觀點大加批駁：〔註23〕

> 蔡希淵問：「文公《大學》新本，先格致而後誠意，工夫似與首章次第相合。若如先生從舊本之說，即誠意反在格致之前，於此尚未釋然。」先生曰：「大學工夫即是明明德，明明德只是個誠意，誠意的工夫只是格物致知。若以誠意爲主，去用格物致知的工夫，即工夫始有下落，即爲善去惡無非是誠意的事。如新本先去窮格事物之理，則茫茫蕩蕩都無著落處；須用添個敬字方才牽扯得向身心上來，然終是沒根源。若需用添個敬字，緣何孔門倒將一個最緊要的字落了，直待千餘年後要人來補出？正謂以誠意爲主即不須添敬字。所以舉出個誠意來說，正是學問的大頭腦處……大學工夫只是誠意，誠意之極便是至善，工夫總是一般。今說這裡補個敬字，那裡補個誠字，未免畫蛇添足。」

王陽明沒有否定朱子尋找「格物致知之本」的意義與必要，但他認爲朱子是錯解〈大學〉，以至於必須添個「沒根源」的「敬」字才能把格物「牽扯得向身心上來」。依他的詮釋，〈大學〉八條目中既有個「誠意」，格物致知工夫便有個著落處，不須向〈大學〉以外去尋找答案。

王陽明所謂敬字「沒根源」的批評大致沒錯。不過，他「以誠意爲主，去用格物致知的工夫」的說法，卻大可斟酌。王陽明是把「致知」講成「致其良知」，講成「於良知所知之善惡者，無不誠好而誠惡之」；把「格物」的「物」講成「意所在之事」；把「格物」講成「正物」，講成「於良知所知之善（惡）者，即其意之所在之物而實爲（去）之」；〔註24〕用這樣來把格物、

〔註23〕陳榮捷：《王陽明傳習錄詳注集評》（台北：台灣學生書局，1983），頁154～155。

〔註24〕參見王陽明：〈大學問〉，《王文成公全書》（商務印書館四庫全書本），卷26。

致知、誠意打通爲一事，而後才可能有「以誠意爲主」去格物的講法的。然而依〈大學〉原義，致知的「知」畢竟不是王陽明所謂的「良知」，格物也不是「以『良知』去『正』意所在之『事』」；這樣一來，王陽明的詮釋豈不也是在「知」字上補了一個在〈大學〉裡面「沒根源」的「良」字麼！（當然，在王陽明來說，這個「良」字不是專爲解決這個問題而補的。）

綜合來看，尋找「格物致知之本」的問題意識是可以肯定的。但在格物之前補個「敬」字作解釋，或是在「知」字上面補個「良」字然後拿「誠意」一目來解釋，都不是正確的解讀。底下，我要回歸〈大學〉本義，從〈大學〉原文裡頭尋找線索來解決這個問題。

二、「知止」與「定靜安」——格物的前提與預備工夫

〈大學〉「格物致知之本」的問題，其實只要徹底如實地解讀〈大學〉的文意脈絡就可以解決了。依我們在前面對〈大學〉第二段文意脈絡的理解，「能慮能得」正與下文「格物致知」呼應重疊相互解釋，而「能慮能得」之前的一段，從「知止」起，經「有定、能靜」到「能安」的部分，就是格物的前提與預備工夫，也就是朱子所謂的「格物致知之本」了。

事實上，上面這樣的脈絡，至少宋代林之奇、清代李光地都曾經明白說出，只不過沒有造成重要的影響而已。底下，我們就來看一下他們的觀點。

（一）林之奇的觀點

比朱子稍早的林之奇，在他的《拙齋文集‧道山記聞》裡提出一個幾乎被後代忽略了的〈大學〉改本，其中他安排作爲「格物」釋文的一段是：〔註25〕

> 知止而后有定，定而后能靜，靜而后能安，安而後能慮，慮而後能得。此謂知本，此謂知之至也。

這是改本歷史上第一次將「知止而后……能得」與「此謂知本，此謂知之至也」合併作爲「格物致知」釋文的例子。〔註26〕林氏解釋他這樣安排的用意說：〔註27〕

〔註25〕林之奇：《拙齋文集》，《景印文淵閣四庫全書》（台北：台灣商務印書館），冊1140，頁382。並參見李紀祥：《兩宋以來大學改本之研究》，頁58；葉國良，〈介紹宋儒林之奇的大學改本〉，《幼獅學誌》第18卷4期，1985年10月。

〔註26〕參見李紀祥：《兩宋以來大學改本之研究》，頁59。

〔註27〕林之奇：《拙齋文集》，頁386、382。

> 《大學》之書，前綱而後目。如誠意、正心、修身、齊家、治國、
> 平天下，既提其綱於前矣，其下文各有解釋；以至明明德、新民、
> 止於至善，亦皆有解。惟「致知在格物。物格而後知至」未嘗解出，
> 此甚可疑。余竊謂「知止而後有定，定而後能靜，靜而後能安，安
> 而後能慮，慮而後能得」，此則致知格物之序。凡知止所以致知，至
> 於慮而得，則知至矣。故大學之書，惟知止為最要。蓋此書由知止
> 入，知止而至於有得，然後可以誠意正心。

「知止」是「致知」前的預備，經過「定、靜、安」到「慮而後得」則是「知
至」，這大致符合我們目前的看法，只是林氏還沒有把「慮」與「格物」的關
係直接關聯起來而已。

林氏用這個觀點，在他《尚書全解》卷二十解釋〈說命下〉「惟學，遜志，
務時敏」一句時說：〔註28〕

> 志之所斳向者確然不移，則能止於至善。知止而後有定，定而後能
> 靜，靜而後能安，安而後能慮，慮而後能得。學之所以能得者，惟
> 在夫知所止。能止於至善則其志定，志既定則順其志而不咈，務時
> 敏以力行之而不懈，則能至於慮而有得矣。

這裡他用「志定」說明「知止」；這是一個重要的補充。不過他遷就〈說命下〉
的文字，在「慮而有得」之前，插入「力行不懈」一個意思；這點就跟〈大
學〉的思想理路不符了。

（二）李光地的觀點

清儒李光地曾就古本「知止而后有定……慮而後能得」一段申論說：
〔註29〕

> 承上「止至善」而言入德之基也。「止於至善」，則至之矣。「知止」
> 者，未能至之，而知所歸宿而望慕之謂也。「定」謂志意堅定，「靜」
> 謂心不外馳，「安」謂隨處而安，「慮」則下文格物致知之事，「得」
> 則下文意誠以下之事也。按：自古聖賢言學，未有不以立志存心為
> 之地者：蓋志立則心自存，心存則志益篤，然後以之窮理而思可精，
> 反之於身而德可據也。

〔註28〕轉引自葉國良，〈介紹宋儒林之奇的大學改本〉。
〔註29〕李光地：《大學舊本私記》，收入《大學彙函》，《中國子學名著集成》（中國子
　　　　學名著集成編印基金會印行），冊12，頁504。

這裡把「知止」講得很準確精當。只可惜「慮」裡面多放了「致知」的意思
進去，顯得有些含混（「慮」只是「格物」，還沒到「致知」）；而「得」字講
成「意誠」以下之事，也因襲了朱子的錯誤。

李氏又說他這樣子解釋「知止」的原因是：〔註30〕

> 下有格物、致知之義，不應於此處預出。而觀後章所謂「於止，知
> 其所止」者，似爲學者指示趨向之語，未遽及精微也。況大學之教
> 既斷自格物而不以辨志先之，則非古人所謂向道而行、望道而至者；
> 雖欲俛焉日有孳孳而潛心大業，奚有哉？

這段話的前面與後面都可以接受，但中間部分應該稍加釐清。〈大學〉「於止，
知其所止」一語應理解爲「於所欲止，須眞知其所止」。這是就著誠意章來闡
明「止於至善也應本於誠意」的意思（眞知其所應止然後努力去止，這才算
做到誠意）。因此，這至少是知至意誠以後的事，不可跟格物之前的「知止」
相混淆。

基於上面這樣的觀點，李氏在談及程朱「補敬說」時，認爲「補之於經
文之外，不如求之於經文之中」，〔註31〕他說：「後世養蒙無具而欲遽從事於
大學，則無所以爲之地者；故程子、朱子以敬字補其闕。若以此節（按：指
上述「知止……能得」一節）爲立志存心端本之事，則大學無闕義矣。」〔註
32〕他這個意見是可以完全肯定的。

（三）小結——兼論「知止、定、靜、安」與荀子思想的關係

透過對林之奇、李光地二人觀點的介紹與討論，我們對〈大學〉「知止而
后有定……慮而后能得」一節已經可以有明確的認識。「知止」並非「知其所
止」（知道所止之「至善」的實質的、具體的內容），而只是「知道應止於至
善」或「知道止於至善的可貴和必要」，這只不過是知道、決定、嚮往一個有
關大學之道的追求的方向而已，但這確是格物的一個必要前提；「知止」及其
後的「有定、能靜、能安」的工夫相當於格物之前的預備工夫；而到了「能
慮、能得」便就是格物與致知了。在這個脈絡下，格物的工夫就有了明確有
據的前提和基礎，而不是憑空出現的。我們由此可以知道，朱子「補敬」說

〔註30〕李光地：《大學舊本私記》，頁531～532。
〔註31〕李光地：《大學舊本私記》，頁532。
〔註32〕李光地：《大學古本說》，《景印文淵閣四庫全書》，冊210，頁3。按：此書與
　　　　李氏前書大體相同，但若干處詳略互異。

實屬多餘（就〈大學〉本身的思想理路而言）；而王陽明把「誠意」搬過來作
解釋也顯然不是〈大學〉的本義。

把「知止、定、靜、安」這一段話恰當定位後，我們可以再把這個意思
拿來跟荀子思想作個對照。《荀子·解蔽》有一段話討論如何才能知「道」：

> 人何以知道？曰：心。心何以知？曰：「虛壹而靜」……不以所已藏
> 害所將受謂之「虛」……不以夫一害此一謂之「壹」……不以夢劇
> 亂知謂之「靜」。未得道而求道者，謂之（告訴他）「虛壹而靜」，作
> 之則。將須道者，「虛」則入；將事道者，「壹」則盡；將思道者，「靜」
> 則察……「虛壹而靜」者，謂之大清明。萬物莫形而不見，莫見而
> 不論，莫論而失位……

這裡，「未得道而求道」、「將須道」、「將事道」、「將思道」指的都是一種對道
肯定、企慕的心態和追求的心志。在這樣的心態和心志下，以「虛壹而靜」
的工夫去「須道」（求道）、「事道」（學道）、「思道」，就可以理解知曉得「入」、
「盡」而「察」。這一段歷程中，前面的「未得道而求道」不就相當於「知止」
麼！中間的「虛壹而靜」不就相當於「定、靜、安」麼！後面的「事道、思
道」和「入、盡、察」不就相當於「慮」（格物）與「得」（致知）麼！〔註33〕

這兒再把中間最為關鍵的「虛壹而靜」與「定、靜、安」比對一下。兩
者同有一個「靜」字，「壹」近於「定」，「虛」與「安」則各有所重而不相排
斥；整體來看，兩者的性質狀態頗相接近，都屬於心的自我澄清貞定、向「道」
開放的工夫。

不過，《荀子》在「未得道而求道」與「虛壹而靜」之間並沒有做出明確
而有力的銜接，而「虛」、「壹」、「靜」三者之間也還沒有建立起立體有機的
相互關聯。可以相信，〈大學〉的作者是在荀子「虛壹而靜」概念的基礎上作
了更深一層的思考，而建立起它後出轉精的「知止、定、靜、安、慮、得」
的新架構的。

〔註33〕 馮友蘭曾把「虛壹而靜」對應到〈大學〉的「正心」去，這個錯誤已經由戴
君仁指出來了。戴氏似乎是將「虛壹而靜」與「知止、定、靜、安」關聯起
來的第一人，不過他尚未注意到〈大學〉「知止……慮得」一段與格物致知的
關係。參見戴君仁，〈荀子與大學中庸〉，《梅園論學集》，頁225～227。並參
見本論文第三章第二節。

三、從「知止」到「知至／知本」的全幅歷程

到現在為止，才算是把〈大學〉致知論的各個重要環節都討論到了。這兒再來總結一下，對〈大學〉致知的全幅歷程做個整體性的了解。

原來，〈大學〉所以要先就著外王實踐揭出一個「大學之道」，正為了那是「知止」（「知止」不只是「知止於至善」而已，事實上它是「知『大學之道，在明明德，在新民，在止於至善』」的省略語）的一份企慕之心（或者說終極關懷）所對準所投射以及汲取精神力量之處。這份「知止」而志於道、志於學的心志，使得整個人身心全面凝定，以坤順的狀態向「道」的內容開放自己。正是這樣的準備狀態使得心靈的思慮、量度、拿捏揣摩的工夫，能始終在一個終極目標的提振、貞定、支援與要求下，對於與「道」的實踐有關的種種或為本或為末的「物」，做成恰當準確的認識、檢別與取捨。這便是〈大學〉致知的全幅歷程。

在這整個致知歷程裡，值得特別再加以思索、強調的，便是我們留到最後，到本節第二小節才討論到的「知止、定、靜、安」的部分了。我要說的是，這部分不只是消極地補足整個歷程而已，它對整個歷程是有一份積極作用的。其實就在剛剛，在對致知的全幅歷程的描述裡，我已經含蓄地表達了「知止、定、靜、安」對格物致知的重要性了：「格物」本身只是一種中性的求知活動；如果不是一個知止、向道、深邃穩定的心志來提振那求知的活動並對準恰當的目標，如果沒有一個定靜而安、貞定坤順的心境（這與後面的「正心」並不相混淆，見下章）來與「物」素面相見的話，那麼所謂的「格物」也可能變質成一種為了醜陋目標而效命的活動，而這樣子求知的結果，也就可以跟「道」無所相關了。

也就是說，一方面是「知止志道」的心志，決定了要面對什麼樣的「物」去「格」，決定了要求的是什麼樣的「知」，或者說，要求「知」的是什麼樣標準下的「本」。〈大學〉完全是在「知止志道」的前提下放心地說「致知在格物。物格而后知至」以及「此謂知本，此謂知之至也」的。而在另一方面，則又是「定、靜、安」的心境，才使得「知止」而「格物」的活動，能純粹有效地進行，能終於做成明確的判斷取捨，不至於如荀子所謂的「中心不定，則外物不清」了。

由於受限於他自己的改本，朱子並沒有直接在《大學章句》裡強調格物之前應「主敬涵養」，連帶著後人詮解〈大學〉也或多或少忽略了這段工夫，

或只能以間接而曲折的方式來補足這段工夫。因此我要在這兒再次強調,「知止、定、靜、安」這一段,是〈大學〉致知工夫裡面至少跟「格物致知」一樣重要的部分。雖然它沒列入八條目裡面,但是我們在談〈大學〉的致知歷程時,卻絕不可遺漏掉這一段工夫。

第五章　誠意、正心、修身——〈大學〉的修養論

　　〈大學〉在「格物」、「致知」之後，提出「誠意」、「正心」、「修身」三目，這是承致知論而來的修養論的部分。相對來看，這部分所包括的問題比較單純，爭論也比較少。不過，向來都從孟學背景來看它，因此整個算是隔靴搔癢（這是就大學本義來說的）。底下，我要改從荀學立場荀學進路來詮釋，跟傳統的說法有根本的差異。

第一節　依知起修的「誠意」——修養的基本工夫

　　「誠意」可以說是〈大學〉修養的根本工夫。這樣說的理由是：第一，從形式層面來看，「誠意」一段的篇幅竟然多達「正心」、「修身」二段合計起來的三倍左右。第二，〈大學〉對「誠意」一目做了展開來的工夫分析，所引申論述的的內容又關聯到八條目的全體以及實踐「大學之道」的三個基本理念；而對「正心」與「修身」兩目卻只是間接而簡單的工夫說明而已。第三，「誠意」一段提到「富潤屋，德潤身，心廣體胖」，這便顯示了誠意對「心」和「身」的直接作用，也意味著誠意工夫在「正心」、「修身」兩個階段仍具有根本的地位。

一、「誠意」工夫的基本義涵

　　依據〈大學〉原文，「誠意」工夫的基本義涵大致如下：

（一）誠意是自己對自己負責的「自修」的工夫

〈大學〉在詮釋《詩經・國風・淇奧》時說：「『如切如磋』者，道『學』也。『如琢如磨』者，自修也。」其中「學」指的是格物致知，「自修」指的就是誠意。〈大學〉又說，「誠意」是「毋自欺」，是「自謙（慊）」（自我肯認，不須他人的讚賞稱許）。前者從反面說，後者從正面說，兩者跟「自修」一樣，都是指自己對自己負責，真心去修的意思。〈大學〉還用了個生動的比喻：「如惡惡臭，如好好色。」。當然，〈大學〉也說：「人之視己，如見其肺肝然，則何益矣？」又舉了曾子的話：「十目所視，十手所指，其嚴乎！」但這只是在說自欺欺人逃不過眾人耳目，並不是要用眾人的眼光來說明誠意的重要。

比「毋自欺」、「自謙（慊）」更緊切，更具有工夫意味，也更可以直接而完整地說明「誠意」（以〈大學〉文中正式出現的文字為準，則是「誠其意」）一詞的，是「慎其獨」。「慎」字一般都是「謹」的意思，但據《爾雅》和《詩經》傳、箋，則又有用作「誠」的意思；[註1] 因此它正相當於「誠其意」的「誠」（但不必依清儒意見，直接說為「誠」[註2]）。至於「獨」字，朱注說它是「人所不知而己所獨知之地」，說得有些籠統；戴君仁說它「即誠體，純一不雜，乃名詞之誠」[註3]，這又使得「慎」字成了虛語（既已純一不雜，則何須再用一個份量頗重的「慎」字！）。依文意來看，不如更落實地說它是「一己意向之所在」而與「誠其意」的「意」字相呼應，等於是「意」的一個特殊面向。

那麼，「慎其獨」就是「敬謹、敬慎於一己意向之所在」了。這樣子理解，則「慎其獨」就是一個具體明白容易理解的表達，跟「誠其意」基本上相似。明、清之間的鹿善繼就說：「誠其意、慎其獨不是兩事。」孫奇逢也說：「慎獨是誠意工夫，非是兩事。」[註4] 的確，〈大學〉先說了兩次「故君子必慎其獨也」，然後又以「故君子必誠其意」作結；可見兩者是意思相似彼此互補的。

〔註1〕 據王先謙《荀子集解・不苟》「慎其獨」一詞下所錄郝懿行語，見《無求備齋荀子集成》（台北：成文出版社影印諸子集成本），冊23，頁73。

〔註2〕 郝懿行及王念孫都主張〈大學〉「慎獨」的「慎」當訓為「誠」，參見王先謙《荀子集解》所錄郝懿行及王念孫語。

〔註3〕 戴君仁：〈荀子與大學中庸〉，《梅園論學集》（台北：台灣開明書店，1970），頁229。

〔註4〕 鹿善繼：《四書說約》，《叢書集成續編》（台北：新文豐出版公司），冊33，頁294；孫奇逢：《四書近指》，《景印文淵閣四庫全書》（台北：台灣商務印書館），冊208，頁654。

（二）誠意是「依知起修」的工夫

「誠意」的意涵，除了上面所述以外，還有一般比較少注意到的一層。底下我們具體來看。「誠意」的「意」，朱注說是「心之所發」，這大致沒錯。但這樣一來，「誠意」就頂多是「眞實其意」而已，並沒有就「意」的方向作出任何的限定。然而朱注卻又孤立地、直接地就將「誠意」解釋作「實其心之所發，欲其一於善而毋自欺也」，這就跳得太快了。

應該說，「誠意」一詞在字面上就只有「眞實其意」的意思而已。〈大學〉針對小人「揜其不善而著其善」的終究無益來說「此謂誠於中，形於外（內心眞實的不善還是會跑出來）」；這就說明了「誠」在〈大學〉裡本質上只是中性性格。這個意思朱子其實也曾經討論到（可惜沒寫進《大學章句》裏）：〔註5〕

> 曰：「然則《大學》論小人之陰惡陽善，而以『誠於中』者目之，何也？」曰：「若是者，自其天理之大體觀之，則其爲善也誠虛也。自其人欲之私分觀之，則其爲惡也何實如之，而安得不謂之『誠』哉？但非天理眞實無妄之本然，則其誠也適所以虛其本然之善，而反爲不誠耳。」

總之〈大學〉「誠意」一詞本身基本上就只是就著工夫形式而言的一個中性意義的表達而已。但這又並非說〈大學〉就只是這樣地使用「誠意」一詞，而是說〈大學〉「誠意」一詞的實質內涵必須再考慮另外的因素來決定。〈大學〉說：

> 大學之道，在明明德，在新民，在止於至善。……古之欲明明德於天下者，先治其國。欲治其國者，先齊其家。欲齊其家者，先修其身。欲修其身者，先正其心。欲正其心者，先誠其意。欲誠其意者，先致其知。致知在格物，物格而後知至，知至而後意誠，意誠而後心正……而後天下平。

正是這個脈絡決定了「誠意」一詞在〈大學〉裡的實質內涵。所以清儒李塨就說：〔註6〕

〔註5〕朱子：《中庸或問》，轉引自趙順孫：《四書纂疏・中庸纂疏》（台北：新興書局影印復性書院刻本，1972），頁125。

〔註6〕李塨：《大學辨業》，畿輔叢書本，《叢書集成新編》（台北：新文豐出版公司），冊17，頁430。

> 心所欲爲之事曰「意」。格、致之后，意自在正、修、齊、治、平矣。
> 然「意」欲正、修、齊、治、平也，如好好色；「意」不欲不正、修、
> 齊、治、平也，如惡惡臭；乃謂「誠」。故君子於獨念獨處之際，必
> 慎之又慎，如上帝臨汝、鬼神在旁，焉敢不誠以欺其「意」乎……
> 「誠意」之「意」，則格物、致知后「意」在爲大學之事也，爲善去
> 不善也。然未必皆誠也。不誠，則雖有此意，而或作或輟，或爲苟
> 且或爲色莊，所謂「可與共學，未可與適道」者矣。故必誠其意而
> 后可正、修、齊、治、平也……爲惡之「意」，即小人「閒居爲不善」
> 之「意」也，非致知、誠意之「意」也。蓋君子誠意，誠於爲善去
> 惡之「意」也；小人亦誠意，誠於爲惡去善之「意」也，故亦曰「誠
> 於中」；惟庸人浮學，一意以爲道，又一意曰姑勿爲，是之謂不誠。

在這段話裡，李塨就著〈大學〉的意義脈絡明確地指出，接續在「格物」、「致知」之後所出現的這個「誠意」，指的是「意在爲〈大學〉之事」、「意在正、修、齊、治、平」、「意在爲善去不善」。

總之，〈大學〉的「誠意」，是基於對「大學之道」的一份嚮往與追求的心志，又經由格物而知道了實踐「大學之道」相關諸物的本末，從而知道了相關諸事的先後次序之後，決意依著這樣的「知」（所謂「知本」）去實踐此「大學之道」以求其實現的一種心思意念。我們也可以說，依著〈大學〉「古之欲明明德於天下者……欲誠其意者，先致其知……知至而後意誠，意誠而後心正……」這一段話的意義脈絡來看，「誠意」是一個有所守有所依的「依知起修」的修養工夫。

二、「誠意」工夫的思想定位

朱子在《大學或問》中曾說：「孟子之所謂……存心、養性、修身者，誠意、正心、修身也。」〔註7〕另外，在同書（可能是已刪稿）中，針對「自謙（慊）」他也說：「孟子所論浩然之氣，其源蓋出於此。」〔註8〕王陽明則將「誠意」理解爲「於良知所知之善惡者，無不誠好而誠惡之。」〔註9〕這都是

〔註7〕 朱子：《大學或問》，轉引自趙順孫：《四書纂疏》（台北：新興書局影印復性書院刻本，1972），頁23。
〔註8〕 轉引自《朱子語類》（台北：華世出版社影印新校標點本，1987 台一版），冊2，頁423。按：此語不見於上引《或問》中，似爲已刪稿。
〔註9〕 王陽明：〈大學問〉，《王文成公全書》（商務印書館四部叢刊本），頁737。

從孟子思想的背景來掌握〈大學〉「誠意」的，但這兒我要改從荀子思想來看〈大學〉的「誠意」。

（一）從「意」字來看

《孟子》一書中，用到「心」字119次（人名除外），而用到「意」字只有以下兩例：〔註10〕

> 我不意子學古之道而以餔啜也。（〈離婁上〉25）

> 故說詩者……以意逆志，是爲得之。（〈萬章上〉4）

後者次數只佔前者的六十分之一。反觀《荀子》一書，用到「心」字168次，用到「意」字40次（其中包括「心意」一詞兩次，「志意」一詞16次）〔註11〕，後者次數已高達前者的四分之一弱，並且又衍生出固定的術語「心意」、「志意」來。由以上數據和現象可以看出，「意」的概念在孟子思想中很是模糊，而在荀子思想裡卻有相當的重要性。應補充的是，這樣大的差異，不會只是基於時代的差距（兩人先後相隔約五十年〔註12〕），而應與孟子重自覺、荀子重思慮的思想特質有很大的關係。

〈大學〉一文中，「心」字用了13次，「意」字用了6次。後者不僅佔前者的二分之一弱，而且都出現在關鍵語詞（「誠其意」與「意誠」）中。這個現象跟《荀子》一書完全一致。我相信這不會是巧合，而是〈大學〉淵源於荀子思想所反映出來的一個現象。

（二）從「誠意」的概念來看

首先，在《孟子》書中共有22個「誠」字，但其中具有術語地位的「誠」字只有兩處（共8字）：〔註13〕

> 萬物皆備於我矣。反身而誠，樂莫大焉。（〈盡心上〉4）

> 居下位而不獲乎上，民不可得而治也。獲於上有道，不信於友，弗獲於上矣。信於友有道，事親弗悅，弗信於友矣。悅親有道，反身不誠，不悅於親矣。誠身有道，不明乎善，不誠其身矣。是故誠者，

〔註10〕據陳立夫主編：《四書章句速檢》（台北：世界書局，1987再版）。

〔註11〕據《諸子引得：荀子》（台北：宗青圖書公司影印哈佛燕京學社本，1986）。

〔註12〕據錢穆：《先秦諸子繫年》（台北：東大圖書公司，1986初版），頁617、619。

〔註13〕據《四書章句速檢》，並參見吳怡：《中庸誠的哲學》（台北：東大圖書公司，1986三版），頁22。

天之道也；思誠者，人之道也。至誠而不動者，未之有也；不誠，

未有能動者也。（〈離婁上〉12）

由這兩段引文來看，孟子的「誠」、「思誠」與「誠身」是「誠其在於我、備於我者」（「明善」的「善」也內在於我），並沒有明顯涉及「意」的作用；這與〈大學〉「依知起修」的誠意，分屬不同的工夫型態。而且孟子的「誠」，除工夫義外，又有超越義本體義（天之道），而後者是〈大學〉的「誠」所沒有呈現的。〔註14〕

至於《荀子》書中，「誠」字共出現了 72 次，其中作爲術語使用的約有30 次（含所衍生的語詞「誠心」三次，「誠信」兩次，「忠誠」一次，「端誠」五次，「誠士」一次，「誠君子」一次）。〔註15〕而更重要的是出現在〈不苟〉篇裡的這一則：

君子養心莫善於誠，致誠則無它事矣，唯仁之爲守，唯義之爲行。誠心守仁則形，形則神，神則能化矣；誠心行義則理，理則明，明則能變矣。變化代興，謂之天德。天不言而人推高焉，地不言而人推厚焉，四時不言而百姓期焉；夫此有常，以至其誠者也。君子至德，嘿然而喻，未施而親，不怒而威；夫此順命，以慎其獨者也。善之爲道者，不誠則不獨，不獨則不形，不形則雖作於心，見於色，出於言，民猶若未從也，雖從必疑。天地爲大矣，不誠則不能化萬物；聖人爲知矣，不誠則不能化萬民；父子爲親矣，不誠則疏；君上爲尊矣，不誠則卑。夫誠者，君子之所守也，而政事之本也。唯所居以其類至，操之則得之，舍之則失之。操而得之則輕，輕則獨行。獨行而不舍，則濟矣。濟而材盡，長遷而不反其初，則化矣。

依荀子思想，「禮」與「義」，「仁」與「善」都不是人性所固有（所謂「仁」仍是以禮爲主或者說依於禮的，所以他說：「君子處仁以義，然後仁也；行義以禮，然後義也。」〔註16〕），因此，這裡的「誠心守仁」與「誠心行義」，

〔註14〕〈中庸〉的「誠」，正是繼承孟子一路，而有更進一步的發展。【2015 補記】本書初稿（1992 年）承襲當時的普遍共識，認爲〈中庸〉毫無疑問屬於孟學，這一點其實是錯誤的。依我現在的看法，〈中庸〉一樣是荀學的性格。參見劉又銘：〈中庸思想：荀學進路的詮釋〉，《國學學刊》2012 年第 3 期，頁 79～88。

〔註15〕據《諸子引得：荀子》，並參見吳怡《中庸誠的哲學》。

〔註16〕《荀子‧大略》，北大哲學系校注：《荀子新注》（台北：里仁書局，1983），

跟他別處所說的（「用心一也」、「鍥而不捨」地）「積善成德」、「積德於身」、「積善而全盡」、「積禮義而爲君子」等語一樣，都是精誠專一地「依知（所求得的知）起修」的修養工夫；而跟〈大學〉的「誠意」同一個型態。進一步來看，在「誠心守仁」與「誠心行義」二語中，「誠心」是心的一個狀態，「守仁」、「行義」則是這狀態下的具體意向的內容；倘若我們保留這心的狀態以及這意向性本身，而把所意向的具體內容抽離掉，那麼「誠其意」一詞就呼之欲出了。

同樣的，依荀子「天人相分」的思想，「天」、「天地」只有自然義與現象義；因此上面這段引文中「天德」一詞的「天」就只有形容的作用，並不具有（像孟子那樣的）本體義；而「天不言……地不言……夫此有常，以至其誠者也」以及「天地爲大矣，不誠則不能化萬物」二語，便也只是以天地恆常的自然現象作爲對君子「誠」的效驗的形容而已。這與孟子式的「誠者，天之道也」是不同的。

在〈不苟〉篇這段文字以外，《荀子》書中其他「誠」字的意涵並沒有超出上面所提到的範圍，這裡就不再列出了。我的結論是：荀子的「誠」跟〈大學〉的「誠意」一樣，同屬「依知起修」的工夫型態，也都不具本體義（至少沒有孟子那樣的本體義）；而「誠心守仁」與「誠心行義」二語的結構和內涵，又與〈大學〉「誠其意」一詞頗爲相近。因此〈大學〉「誠意」一詞源自荀子的跡象是很明顯的。〔註17〕

　　頁 527～528：並參見周群振：《荀子思想研究》（台北：文津出版社，1987），頁 89、119～120。

〔註17〕荀子論「誠」本來就有別於《孟子》以及明顯屬於孟學著作的〈中庸〉，這點今人已經頗有論述。參見熊公哲：《荀卿學案》（台北：台灣商務印書館，1967台一版），頁 43；唐君毅：《中國哲學原論：導論篇》（台北：台灣學生書局，1980 台四版），頁 84、121；吳怡：《中庸誠的哲學》；傅武光，〈呂氏春秋與儒家之關係〉，《中國學術年刊》7，頁 40；周群振：《荀子思想研究》，頁 126～131 等。這裡錄傅武光的一段如下：「〈中庸〉所誠者，乃天命之性；對象落在本體。誠，則能自盡其性。是『誠』乃盡性之工夫也。及其誠而不息，則即工夫即本體；即本體即工夫。故〈中庸〉論誠，必至於以誠爲天，以誠爲性而後已，故曰：『誠者，天之道也』『自誠明，謂之性。』是知〈中庸〉之『誠』，可由『工夫』而變爲『本體』。荀子所誠者，乃僞之所爲，對象落在工夫。誠，則守之彌篤，操之彌堅，而無絲毫之或息也。其作用在使『僞』之工夫，更加篤實而已。故荀子之『誠』，只有『工夫』義，而無『本體』義。」

（三）從「慎其獨」的概念來看

〈大學〉「誠其意」概念的另一個輔助的（也不妨說是強化的）的表達——「慎其獨」，在《孟子》書中並沒有見到。但在孟子一派稍後的著作中卻出現了兩處，這是我們不能不注意的。我們先看〈中庸〉（向來對它的孟學性格並無異議）的一例：〔註18〕

> 天命之謂性，率性之謂道，脩道之謂教。道也者，不可須臾離也，可離非道也。是故君子戒慎乎其所不睹，恐懼乎其所不聞。莫見乎隱，莫顯乎微，故君子慎其獨也。喜怒哀樂之未發，謂之中；發而皆中節，謂之和。中也者，天下之大本也；和也者，天下之達道也。致中和，天地位焉，萬物育焉。

這裡「慎其獨」指戒慎恐懼於「不睹不聞」、「隱微」和「未發」、「已發」之際，這相當於「心」、「性」的層面，而「性」則源自「天命」。也就是說，〈中庸〉的「慎其獨」不是單單關聯著「意」來講，而是同時關聯著「心」和「性」兩層並上通天道來講，這是跟〈大學〉不同的。

再看晚近才出土，被判定為孟子後學所作，屬於荀子所謂「略法先王而不知其統，然而猶材劇志大，聞見雜博。案往舊造說，謂之五行」的子思、孟子一路的《五行篇》：〔註19〕

> 〈經7〉「鳲鳩在桑，其子七兮。淑人君子，其儀一兮。」能為一然後能為君子，君子慎其獨。「〔燕燕〕于飛，差池其羽。之子于歸，遠送于野。瞻望弗及，泣涕如雨。」能差池其羽然〔後能〕至哀，君子慎其獨也。

> 〈說〉「鳲鳩在桑」，直也。「其子七兮」，鳲鳩二子耳，曰七也，與□也。

> 「〔淑人君子，其儀一兮〕」，□□□□〔儀〕者義也，言其所以行之義之一心也。「能為一然後能為君子」，能為一者，言能以多為一；以多為一也者，言能以夫〔五〕為一也。（按：「五」是指仁義禮智聖。）

〔註18〕《禮記注疏》（台北：新文豐出版公司影印清阮元校勘十三經注疏本），卷52。

〔註19〕轉引自黃俊傑：《孟學思想史論（卷一）》（台北：東大圖書公司，1991），頁84～85（但這裡略去文中通假字的原文，而只依其判讀結果錄出）。有關背景參見同書，頁69～73。

> 「君子慎其獨」，慎其獨也者，言舍夫五而慎其心之謂□□，然後一，
> 一也者，□夫五因爲□心也，然後得之。一也，乃德已。德猶天也，
> 天乃德已。

這裡「慎其獨」的「獨」明顯地是就「心」而言（「所以行之義之一心也」、「慎
其心」）；而「慎其獨」具體地說，「就是指仁義禮智聖等五行，統一於『心』。
能專一於『心』，就能超越身軀（原註：亦即孟子所謂的『小體』）爲生命所
帶來的侷限性，而知『天道』，使天人二界構成一個『連續體』。」〔註20〕這
也跟〈大學〉的「慎其獨」有所差別。

　　最後我們看《荀子》裡的情況。在前面所引《荀子·不苟》篇的同一段
文字裡就有一個「慎其獨」。我們可以看到，在那段引文中，君子的「慎其獨」
與天地的「至其誠」相偶相對（而所謂「天地」只具形容作用，見上文），並
呼應著前面的「誠心守仁」和「誠心行義」（這正是心的兩個具體的「意向」
的內容，見上文）。這跟〈大學〉用「慎其獨」來配合說明「誠其意」（而不
涉及「天道」）的意思以及情況完全一樣（在〈中庸〉和《五行篇》中，有關
「誠」的文字並沒有直接出現）。

　　以上的討論已經充分顯示出，〈大學〉「慎其獨」概念的內涵和使用時的
相關脈絡，都同於《荀子》，而遠於孟子後學的著作〈中庸〉和《五行篇》。
由此應可以確定，〈大學〉的「慎其獨」概念，跟「誠意」一樣，都來自荀子，
而非孟子。

＊

　　以上，不論是從「意」字，從「誠意」的概念，或是從「慎其獨」的內
涵來探究，都可以發現它們跟孟子思想的差異，以及跟荀子思想的密切關係。
所以我的結論是，〈大學〉的「誠意」工夫，是來自荀子，不是孟子。

第二節　「正心」、「修身」
——誠意的推進與明德的修成

一、正心、修身工夫歸結於誠意

　　〈大學〉在「誠意」之後有「正心」、「修身」二目，但〈大學〉只在

〔註20〕黃俊傑：《孟學思想史論》，頁85。

「所謂修身在正其心者」和「所謂齊其家在修其身者」兩段中對這二目做了
簡短的、現象層面的說明而已。朱子曾經針對他在「所謂修身」一段裡的註
釋，進一步說明道：〔註21〕

> 大學所以有許多節次，正欲學者逐節用工，非如一無節之竹，使人
> 才能格物則便到平天下也。夫人蓋有意誠而心未正者，蓋於忿懥、
> 恐懼等事誠不可不隨事而排遣也。蓋有心正而身未修者，故於好惡
> 之間誠不可不隨人而節制也……故經序但言心正者必自誠意來，修
> 身者必自正心而來；非謂意既誠而心無事乎正，心既正而身無事乎
> 修也。

這裡他也只是強調〈大學〉八目的獨立性以及「逐節用工」的必要，指出誠
意之後還需正心、正心之後還需修身；而並沒有具體說明正心、修身工夫的
實質內容為何。

可能因為這樣的關係，在朱子和朱《注》之外，就頗有學者加意闡明：
正心、修身本身並無另外的工夫內容，其工夫只在「誠意」而已。如宋儒黎
立武，他說：〔註22〕

> 然（正心、修身）二章言「身不修」，不曰修之者何說；言「心不正」，
> 不曰正之者何為。惟誠意章首言「毋自欺」，兩言「必慎其獨」；修
> 身、正心之道其在是乎！亦曰「誠」而已矣。

如清儒孫奇逢，他分別引述胡雲峰、張氏的話說：〔註23〕

> 誠意者，自修之首，已兼正心、修身而言矣；章末曰「潤身」，曰「心
> 廣」，提出身與心二字，意已可見。

> 正、修之功，卒無一語及之者，蓋已具於誠意章故也。

而他自己也說：

> 正、修工夫，總在誠意中。此（按：指「所謂修身」章）特舉身、
> 心相關處痛切言之。

又如清儒楊名時，他說：〔註24〕

〔註21〕 宋・黎靖德編：《朱子語類》（台北：華世出版社影印新校標點本 19987 台一
版），冊2，頁355。
〔註22〕 宋・黎立武：《大學發微》，學海類編本，《叢書集成新編》，頁405。
〔註23〕 以下孫奇逢所引所述俱見孫奇逢：《四書近指》，《景印文淵閣四庫全書》，冊
208，頁655。
〔註24〕 楊名時：《四書箚記》，《景印文淵閣四庫全書》，冊210，頁487。

> 正心、修身，其要已盡於誠意矣。故齊家章與上章（按：指「所謂
> 修身」章）止指其失言之，而不復言正、修之功。

又如清儒李光地，他在闡釋「所謂修身」一章時也說：〔註25〕

> 朱子謂意之既誠，尚有正心之功；學者每疑惑於其說。愚謂誠意猶
> 〈中庸〉之戒懼謹獨也，正心猶〈中庸〉之致中和也；戒懼謹獨則
> 無不中且和矣，然朱子猶曰自戒懼而約之、自謹獨而精之，蓋涵養
> 省察愈純愈密之功如此其至也。觀章句上節言「察」，下節言「敬」，
> 則知誠意之外別無正心之事，殆亦約之精之之云爾。學者宜深思焉，
> 而不可以輕致其疑也。

所謂「誠意之外別無正心之事，殆亦約之精之之云爾」，這一方面是替朱子辯
護，一方面又作了具體的、有力的補充。此外李光地在另一處也說：「正心、
修身統於誠意，無可疑者」。〔註26〕這就說得更明暢了。

　　我同意上述黎立武等人的看法。〈大學〉對正心、修身二目並無實質的說
明，這是事實。具體來看，〈大學〉在「所謂修身在正其心者」一段只說：

> 身有所忿懥，則不得其正；有所恐懼，則不得其正；有所好樂，則
> 不得其正；有所憂患，則不得其正。心不在焉，視而不見，聽而不
> 聞，食而不知其味。

這只是繼它在心、意界面提出誠意工夫後，就著身、心界面所出現的新課題，
做一個事實的、現象的描述（心的不正將導致身的不正），來作為一個提醒而
已。至於關於如何透過「正心」來「正身」（即「修身」），則並無任何實質的
說明。顯然其工夫仍在誠意。

　　〈大學〉接著在「所謂齊其家在修其身者」一段也只說：

> 人之其所親愛而辟焉，之其所賤惡而辟焉，之其所畏敬而辟焉，之
> 其所哀矜而辟焉，之其所敖惰而辟焉。故好而知其惡，惡而知其美
> 者，天下鮮矣。故諺有之曰：「人莫知其子之惡，莫知其苗之碩。」
> 此謂身不修不可以齊其家。

這又是就著人、己界面新出現的課題所做的純事實的描述和提醒；而對於如
何解決因他人影響而來的「辟」的問題，則仍然沒有任何說明；顯然其工夫
也是在誠意。

〔註25〕李光地：《大學古本說》，《景印文淵閣四庫全書》，冊210，頁6。
〔註26〕李光地：《大學古本說》，這是他闡釋「所謂齊其家」一章中的話。

　　我們不妨把正心、修身看成誠意工夫在不同階段的名稱。也就是說，基本上就只是一個誠意的工夫，但因關聯著不同的界面，所面對的課題各自有了不同的新的內容，因而就著此界面的所在（心與身）改用一個新的名稱，藉以標示一個新的用功階段，如此而已。若依〈大學〉在這兩個階段所作的提醒來看，則我們也可以說「正心」側重在「去偏」，而「修身」側重在「去辟」。

　　進一步來看，則「正心」與「修身」這兩目的提出仍有它積極的義義。不妨說，當「誠意」工夫能通過身、心界面，再通過人、己界面，這才算是一個人自身修養工夫的初步完成。到這裡，才算是修成明德，才算是有向外「明明德」的基礎。

二、「正心」工夫的思想定位

（一）「正心」與孟子思想的關係

　　孟子所謂的「心」，主要是「心、性、天爲一」這個意義下具有價值義本體義的正面呈現的心，如「不忍人之心」、「惻隱之心」、「羞惡之心」、「辭讓之心」、「是非之心」、「惡惡之心」、「仁心」、「赤子之心」、「恭敬之心」、「心之所同然者」、「理義之悅我心」、「仁義之心」、「良心」、「本心」等。〔註27〕從而他談到心的負面表現時，也多只是就著這個正面的心的失去來說而已，如「陷溺其心」、「放其良心」、「放其心」、「放心」、「動心」、「失其本心」等。

　　在這個背景下，孟子論「心」的工夫，便也就多從這心的自我回復、呈現、貞定、充養和全盡來說，如「不動心」、「以仁存心」、「以禮存心」、「求其放心」、「盡其心」、「存其心」、「充無欲害人之心」、「充無穿窬之心」、「養心」等（至於「我亦欲正人心」和「惟大人爲能格君心之非」則已經是對外的行爲，不是在談修養工夫）。我們看不到孟子直接揭出心的偏頗不正的種種具體面相，然後就著這種種偏頗不正來談「正心」修養工夫的地方；也看不到他的後繼者改以此型態爲重點去發展心的修養工夫的必要性。

（二）「正心」與荀子思想的關係

　　荀子論「心」，特別強調心的能「知」（所謂「心生而有知」、「知道」、「知禮義」）和能「自禁、自使、自奪、自取、自行、自止」的抉擇取捨的功能

〔註27〕以上略據《四書章句速檢》檢出，這裡不一一註明出處，下同。

（所謂「可道」、「可非道」、「守道」、「禁非道」）。〔註28〕當然，這些正面的功能與作用不是自然而然就能夠順利呈現的。依荀子，在實際狀況中，「心」是經常受到「性」（具體地說就是「欲」和「情」）的牽動干擾而混亂不定的，所謂「心如虎狼」、「心慕慕佚」、「心好利」、「貪利之心」、「傾側之心」、「趨姦之心」、「心淫」、「中心不定」、「其心內傾」、「心憂恐」、「姦心」等便是。〔註29〕

　　基於這樣的認識，荀子的「心」的修養工夫，事實上是要經常在「欲」與「道」的拉鋸下進行的（所謂「可（肯定）道之心」與「不可道之心」之間，「心之所可中理」與「心之所可失理」之間）；也因此不論是致知還是修養，工夫的重點都必須落在如何對治這個被性所牽絆著的混亂的心了。所以荀子雖也說到「養心」，但他所謂的養心，一方面，一定要藉著禮義學問的幫助，所以他要說：「養心莫善於誠……誠心守仁、誠心行義。」（〈不苟〉）。另一方面，一定要「治氣」，也就是導正欲、情、性對心思意念的牽制。事實上，荀子在〈修身〉篇中提到「治氣養心之術」三次，可見荀子的「養心」離不開「治氣」；這是跟孟子側重正面的、直接的充養的「養心」工夫不同的。

　　值得注意的是，荀子在〈解蔽〉篇又說到「仁者之思也，恭；聖人之思也，樂。此治心之道也。」。可見荀子的修養工夫論又可以說成「治心」。或者說，完整一點可以說成「治氣養心」，而濃縮一點也可以說成「治心」。因為，所謂「治氣」在實質上還是要讓心能抗拒來自欲望情感的牽絆，而那樣其實也就等於「治心」了。總之，荀子的「心」並非直接就是個仁義禮智之心；比起孟子，我們更可以使用「治心」一詞來標示荀子的修養工夫論。

　　在了解荀子這種「治心」的意態或意味後，我們再來看：荀子在〈非相〉篇說：「相形不如論心，論心不如擇術……術正而心順之，則形相雖惡而心術善，無害為君子也。」；在〈大略〉篇又說：「水至平，端不傾，心術如此象聖人。」前者隱然有以「正術」來「正心」的意味；後者則以水的平而不傾（相當於「正」）為心術的最高標準的象徵；這當中似乎已蘊含著〈大學〉「正心」的概念了。

　　我們在《荀子》中甚至還可找到一些跟〈大學〉論正心、修身一段相似的文句：

〔註28〕以上略見《荀子》〈性惡〉、〈解蔽〉。
〔註29〕以上略據《諸子引得・荀子》檢出，這裡不一一註明出處，下同。

> 亂國之君，亂家之人，此其誠心莫不求正而以自爲也，妒繆於道而
> 人誘其所迨也……豈不蔽於一曲而失正求也哉！心不使焉，則白黑
> 在前而目不見，雷鼓在側而耳不聞，況於蔽者乎！（〈解蔽〉）

> 故爲蔽：欲爲蔽、惡爲蔽、始爲蔽、終爲蔽……凡萬物異則莫不相
> 爲蔽，此心術之公患也。（〈解蔽〉）

> 有嘗試深觀其隱而難察者。志輕理而不重外物者，無之有也；外重
> 物而不內憂者，無之有也。行離理而不外危者，無之有也；外危而
> 不內恐者，無之有也。心憂恐則口銜芻豢而不知其味，耳聽鐘鼓而
> 不知其聲，目視黼黻而不知其狀，輕暖平簟而體不知其安。（〈正名〉）

> 怒不過奪，喜不過予，是法勝私也。《書》曰：「無有作好，遵王之
> 道；無有作惡，遵王之路。」此言君子能以公義勝私欲也。（〈修身〉）

心有欲惡喜怒則爲蔽，心背道離理則終將憂恐無依而至於耳目口體失其作用；
而解決之道則在「以公義勝私欲」。這跟〈大學〉所說身有所忿懥則不正、心不
在焉則不見不聞而解決之道仍在依於所知來誠意實踐的情況約略相當。兩邊文
句的意義脈絡雖不完全同步與一一對應，卻沒有本質上方向上的差異。

綜合以上所論來看，荀子對「心」的修養工夫的說法，與〈大學〉針對
心的忿懥、恐懼、好樂、憂患等現象所提出的「正心」工夫頗可相通，〈大學〉
「正心」的概念極有可能是荀子思想所醞釀出來的產物。

三、「修身（正身）」工夫的思想定位

〈大學〉的「修身」一詞，另有一個沒直接出現，也不受注意的同義詞
──「正身」，它就暗含在正心、修身一段中（詳見第一章第三節），所以底
下我就將兩者放在一起討論。

《論語》中已經出現「正其身」一詞，可是沒見到「修身」一詞。《孟子》、
《荀子》書中，則都有「修身」一詞，然而其內涵、意趣並不一樣。而其中
差異的緣由，跟前面討論「正心」時所提到的幾點大致是相通的。

（一）「修身」與孟子思想的關係

基於性善論的觀點，孟子就「身」而言的修養工夫也呈現著易簡、明快與
樂觀的特色。他提及「脩身」二次，「脩其身」一次，「其身正」一次：〔註30〕

〔註30〕此據《四書章句速檢》。

　　殀壽不貳，脩身以俟之。（〈盡心上1〉）

　　不得志，脩身見於世。（〈盡心上〉9）

　　君子之守，脩其身而天下平。（〈盡心下〉32）

　　行有不得者皆反求諸己，其身正而天下歸之。（〈離婁上〉4）

然而這些似乎只是他比較一般的、隨順習慣來泛指「修身」工夫的用語，孟子並沒有正式拿它們來討論修養工夫的問題。在此之外，他正式論及修身工夫問題時，他用的反而是「誠身」、「誠其身」、「反身而誠」、「反身不誠」、「守身」（二次）、「不失其身」、「失其身」、「潔其身」、「（湯武）身之」等語。這些用語（可用「誠身」、「身之」二者作爲代表）都更具體也更充分展現了他在性善論立場上依於本性而正面順成地養氣、踐形那種易簡之教的特色。

　　從這樣的現象看來，孟子修身工夫的具體內涵其實是「誠身」，這跟〈大學〉就「五辟」的對治所提出的「修身」工夫是頗有距離的。

（二）「修身」與荀子思想的關係

　　《荀子》一書中，有一篇就直接叫「修身」。而全書裡面，就「身」而言的工夫用語，「修（脩）身」一詞共出現了四次（其中一次是「化善脩身正行」，一次是「脩身端行」），「脩其身」一次，「正身」一詞六次，「正身行」三次，「端身」一次。〔註31〕另外又有整句涉及的幾個地方如下：〔註32〕

　　夫師以身爲正儀，而貴自安者也。（〈修身〉）

　　故君子務脩其內而讓之於外，務積德於身而處之以遵道。（〈儒效〉）

　　仲尼無置錐之地，誠義乎志意，加義乎身行，箸之言語……（〈王霸〉）

　　故禮及身而行脩，義及國而政明。（〈致士〉）

　　安燕而血氣不惰，柬理也。勞勸而容貌不枯，好文也。（〈脩身〉）

除此之外，就沒有其他用語了。值得注意的是，荀子完全以「修身」、「正身」二語爲核心，來論「身」的修養工夫（「端身」、「端行」的「端」可以視同「正」字）；這跟〈大學〉以「修身」爲八目之一，又隱然以「正身」釋「修身」的情況是一致的。而其中「誠義乎志意，加義乎身行」、「禮及身而行脩」以及「……柬理…好文」三句，則透露了「修身」的基本工夫大致是「誠意地遵

<hr>

〔註31〕此據《諸子引得：荀子》。
〔註32〕《荀子新注》，頁 26、117、197、271、28。

禮、行義、柬理、好文」這一點；這也跟〈大學〉以誠意為修身基本工夫的意思一樣。應注意的是，荀子這樣的用法並非偶然；這正是他在性惡論立場上藉由外在禮義「脩治、端正」此身的苦心。可以說，他這樣的理路，正好跟孟子側重內發性格的「誠身」、「身之」構成了強烈的對比。

以上的對照充分顯出，〈大學〉就著人的負面習氣──「之其所親愛而辟」等五項──來談修身，以及先談誠意再談正心然後再談修身（而不是直貫為一地談「誠身」）的說法，比較應該是荀子一路（而不是孟子一路）的觀點。

由本節的討論可以知道，〈大學〉雖以「誠意」為修養的基本工夫，但由於所面對的處境、課題的差異，而有了進一步延伸出來的「正心」和「修身」的工夫；而這種由誠意而正心而修身的歷程和型態，正屬於荀子誠心守仁、誠心行義、以公義勝私欲、以禮正身的一路。這兒，我就稍稍借用荀子的話語，把〈大學〉的修養論總結為一句話：依知起修，誠意務本；去偏去辟，正心正身；積禮積義，修成明德。

第六章　明明德於家、國、天下
──〈大學〉的政治論

　　宋明以來，以內聖爲基底、由內聖開外王的思維成爲儒學的主流。在這樣的趨勢底下，相較於致知論（跟格物、致知二目有關）和修養論（跟誠意、正心、修身三目有關），學者們對〈大學〉政治論（跟齊家、治國、平天下三目有關）的關注和討論少了很多，並且其中還存在著基本的誤讀與誤解。

　　在前面各章裡，我已經對〈大學〉的訓詁、文意脈絡、思想理路、思想性格、致知論、修養論等做了許多的釐清和還原。底下就以這樣的基礎來討論〈大學〉的政治論，辨明其中諸觀點的荀學性格，或者，至少是跟《荀子》的具體關聯性（也就是在具體內容上跟《荀子》文本的相關性）。

第一節　關於「齊家」、「治國」、「平天下」

　　學界對於〈大學〉「齊家」的「家」，有卿大夫之家、一般所謂的家、以及天子之家三個不同的解釋。〔註1〕我認爲，依〈大學〉論述的背景與旨趣來看，所謂「齊家」的「家」，雖然不無可能包括一般庶人的家在內（正如文中有所謂「自天子以至於庶人，壹是皆以修身爲本」一樣），但應該還是以爲政者的家爲主。

　　進一步看。〈大學〉在齊家治國一段就已經說到「堯、舜帥天下以仁，而

〔註1〕參見龐景隆：〈談齊家治國之「家」〉，《孔孟月刊》第 11 卷 10 期，1973 年 6月。

民從之；桀、紂帥天下以暴，而民從之」；這句話中堯、舜、桀、紂等人都是天子，因此可以猜測，〈大學〉所謂的「家」或許只指天子之家，而所謂的「國」也或許只指天子所直接管轄的王畿。然而〈大學〉隨後在治國平天下一段卻又說「所惡於上，毋以使下；所惡於下，毋以事上。」；其中那可能「惡於上」以及必須「事上」的人顯然不會是天子，顯然非得是天子以下的人不可。因此，我們對〈大學〉所謂「齊家」的「家」和所謂「治國」的「國」應該寬鬆看待；它們應該泛指一切為政者的家與國，而不是專指天子的家和王畿。

從今天來看，「齊家」、「治國」、「平天下」三者似乎是儒家（不管那一派那一系）共同的概念和共同的用語。不過它們起初是否有特殊的來源？是否帶有派別的特殊印記呢？當代學者徐復觀說：「孟子『夫天未欲平治天下也……』（〈公孫丑下〉），當係『平天下』觀念之所自。」〔註2〕但事實真的是這樣嗎？底下我們就來考察看看。

（一）「齊家」

在《孟子》、《荀子》書中都沒有任何類似「齊家」那樣關於「治理」一個「家」的專門用語。不過，這兒可以換個角度，考察跟「齊」字有關的詞語。

當作動詞用的「齊」字，在《孟子》中只有比較一般的用法的「不揣其本而齊其末」一例。然而，在《荀子》中，則單單在跟政治有關（直接或間接）的專門用語中就有「和齊百姓」（2次，另有「民和齊」1次）、「齊言行」、「齊朝」、「齊官」、「齊民」（另有「民齊」2次、「民不齊」1次）、「齊義」、「齊一天下」等好幾組相似而平行的例子。〔註3〕看來，針對同層級群體的治理來說個「齊」，這是頗合於性惡論立場的荀學的思路的。

據此可以說，雖然沒有直接的證據，但是從思想理路來看，〈大學〉「齊家」一詞跟荀子一派的關係以及來自荀子一派的可能性是稍稍大過於孟子一派的。

（二）「治國」

《論語》裡直接說到「治理國家」這個意思時，用的只是「為國」和「為

〔註2〕徐復觀：《中國人性論史：先秦篇》（台北：台灣商務印書館，1978四版），頁277。

〔註3〕以上據《四書章句速檢》、《諸子引得》。

邦」兩個用語。在《孟子》裡，所用的也只有「爲國」、「治其國」（另有「國欲治」1 次）、「治國家」（2 次）和「治其國家」等（另有「國定」1 次）。

然而在《荀子》裡可就熱鬧得多了，它所用的有「爲國」（3 次）、「治國」（7 次；另有「國治」3 次，「國家治」、「國家既治」各 1 次）、「治其國」、「經國」、「處國」、「君國」、「持國」（4 次）、「安國」（4 次，另有「國安」2 次）、「用國」（5 次）、「用……國」（5 次）、「扶持心國」、「爲國家」和「正國家」等等（另有「國定」2 次）。〔註4〕

單獨地看，〈大學〉的「治國」、「治其國」、「國治」等詞，比較中性，似乎無關乎思想性格的差異，所以跟孟學、荀學都可以相容。不過，至少可以說，它們在《孟子》書中還沒有整個地、完全地呈現；而在《荀子》書中則不但已經充分地呈現，並且還有許多「家族的、相似的夥伴」。

也就是說，單單從《荀子》書中這些家族的、相似的夥伴的出現和存在這點（雖然這點多少跟語言的時代變遷有關）來看，我們就可以說，〈大學〉「治國」、「治其國」、「國治」等詞跟《荀子》的具體關聯畢竟多了一些。

（三）「平天下」

《論語》裡直接說到「治理天下」這個意思的相關用語，只有「一匡天下」1 次（另有「天下治」1 次）。在《孟子》裡，所用的是「平治天下」（3 次；另有「天下平」1 次、「天下……平」1 次）、「治天下」（2 次）、「爲政於天下」（2 次）、「正天下」、「王天下」等總共五個。

而在《荀子》裡所用的則更多，它們是「平天下」（1 次；另有「天下……平」1 次、「天下……平均」2 次；以及上節所提到指稱天下安定美好的「至平」2 次）、「治天下」（6 次；另有「天下治」5 次、「天下……治」1 次、「天下不治」1 次）、「一天下」（8 次；另有「天下爲一」6 次、「天下從之如一」1 次）、「壹天下」（2 次）、「調一天下」、「調壹天下」、「齊一天下」、「一匡天下」、「制天下」、「王天下」、「用天下」（2 次）、「任天下」、「定天下」（另有「天下定」1 次）等，總共十來個（此外又另有「天下服」、「天下安」、「天下正」各 1 次）。〔註5〕

看起來，跟上面「治國」等詞的狀況類似，〈大學〉「平天下」、「天下平」二詞也是孟子、荀子兩派都可能用到，並且也是跟《荀子》有較多的具體關

〔註 4〕 以上據《四書章句速檢》、《諸子引得》。
〔註 5〕 同上註。

聯的。因此，我們再也不能像徐復觀那樣，單單考察《孟子》，就說〈大學〉「平天下」的觀念出自孟子了。

＊

從本節的討論可以看出，〈大學〉「治國」、「平天下」二詞比較是中性的用語，不過還是跟《荀子》有較多的具體關聯。至於「齊家」一語，則起初顯然稍具荀學色彩，稍有荀學傾向；當然，今天應該沒有人會這樣認為了。

第二節　明明德、新民、止於至善
──施政的基本理念

〈大學〉說：「大學之道，在明明德，在新民，在止於至善。」（本書依程朱的看法，將這兒的「親民」改為「新民」），又說：「古之欲明明德於天下者，先治其國；欲治其國者，先齊其家……家齊而后國治，國治而后天下平。」，又說：「所謂平天下在治其國者，上老老而民興孝……」，又說：「『有斐君子，終不可諠兮』者，道盛德至善，民之不能忘也。」（這句話是「誠意」一段針對齊家、治國、平天下三目而說的）。綜合這幾段話，可以看出以下幾個意思：

（1）「平天下」與「明明德於天下」二語都分別與「治其國」相銜接，而且兩處的意義脈絡大致平行相似，因此所謂「平天下」即相當於「明明德於天下」。要注意的是，依〈大學〉原意，「明明德」是為政者向老百姓彰明自己的光明德行的意思，它主要應該是外王實踐的行動；此外，這句話裡「明明德」只是個代表，實際上應該是「明明德、新民、止於至善」三項的省略（「誠意」一段的「道盛德至善，民之不能忘也」就是呼應著這三項來說的）。

（2）同樣的，所謂「治其國」其實就相當於「明明德（以及新民、止於至善）於其國」，「齊其家」其實就相當於「明明德（以及新民、止於至善）於其家」。

（3）因此，所謂「齊家、治國、平天下」，其實就是「明明德（以及新民、止於至善）於其家、其國以及全天下」，也就是將「明明德、新民、止於至善」的理念在家、國、天下實踐出來的意思。要補充的一點是：為政者當然必須先在前面一個階段經由「格物、致知、誠意、正心、修身」等步驟修成了自身光明美好的德行，然後到此處「齊家、治國、平天下」這個階段才會有所謂的「明德」可以向外顯明。

從上述理路來看,「明明德」、「新民」、「止於至善」三項應該是為政者齊家、治國、平天下時的基本理念,而不是朱子所以為的八條目的綱領。所以,這兒我要改變宋、元以來將「明明德」對應到格、致、誠、正、修一段(朱《注》所謂「修身以上,明明德之事也」)的做法,改將它跟「新民」、「止於至善」放在一起,當作施政的基本理念來討論。底下先考察「明明德」三項的涵義,然後衡量、辨明它們的思想性格。

一、明明德、新民、止於至善的涵義

(一)明明德

前面一再提過,〈大學〉的「明明德」一語,是指為政者向外(意即向人民)彰顯自己光明美好的德行的意思。〈大學〉將這個意思放在「大學之道」的第一項,便表示它把德行看做政治最根本的力量。〈大學〉在「誠意」一段說:「有斐君子,終不可諠兮者,道盛德至善,民之不能忘也。」,又接連引了《尚書》〈康誥〉的「克明德」,〈堯典〉的「克明峻德」,〈太甲〉的「顧諟天之明命」,然後說:「皆自明也。」。這就是主張為政者要以自己的美好德行來帶領和教導人民,認為為政者應誠實負責地由自己來顯明自己的德行(「自明」),並且還強調這樣的作為正是為政者的「天職」(「天之明命」)。

在治國、平天下一段中,〈大學〉再度強調「明明德」的重要性。它引《詩經·小雅·節南山》「赫赫師尹,民具爾瞻」一句說:「有國者不可不慎。辟,則為天下僇矣。」;引《詩經·大雅·文王》「儀監於殷,峻命不易」一句說:「得眾則得國,失眾則失國」;引《尚書·康誥》「惟命不于常」一句說:「善則得之,不善則失之矣」;此外它又鄭重地說:「是故君子先慎乎德,有德此有人,有人此有土,有土此有財,有財此有用。德者本也,財者末也。」。這是說為政者所顯明的美好德行是人民瞻望效法與學習的對象(「民具爾瞻」),是得到人民肯定、愛戴和擁護的根本因素。反過來說,為政者不能顯明美好德行,反而顯明邪僻惡德,則必將遭到人民的厭棄和懲罰(「辟,則為天下僇矣」)。

我們不妨再關聯著〈大學〉的修養論來看。修養的基本工夫是誠意,而誠意是要「毋自欺」,要「自謙(慊)」,要「慎其獨」,絕不可「揜其不善而著其善」;總之是要追求一種表裡如一、通透明朗的真實美好的德行。誠意之後的正心,要求人不可因一時的情緒而偏倚不正。正心之後的修身,則要求

人不可因對象的親疏貴賤馴驚而有所邪僻。必須經由這樣的鍛鍊，才能進一步讓德行有其客觀公正、普遍一致的信度。由此可見，〈大學〉修養工夫的目標，正是要修成一種公正無私、讓人民信賴的光明德行。這點跟它在政治上要求爲政者實踐「明明德」恰好是相銜接相呼應的。

（二）新民

〈大學〉在「明明德」之後接著說「新民」和「止於至善」，這就意味著爲政者必須以自身光明德行爲榜樣，來帶領人民教導人民，來更新人民的生命狀態，藉以讓國家社會達到至善的狀態。由於這樣的連鎖關係，〈大學〉只要一講「明明德於天下」，其實就包含著以「明明德」來「新民」以求「止於至善」的意思在內；這點恰恰是〈大學〉沒有，並且也不必另外再寫一段「古之欲新天下之民者，先新其國之民……」和一段「古之欲引領天下止於至善者，必先引領其國止於至善……」的原因。

〈大學〉在「誠意」一段說：

> 詩云：「於戲！前王不忘。」君子賢其賢而親其親，小人樂其樂而利其利，此以沒世不忘也。

這裡是說，因爲君子（爲政者）能夠顯明其明德（「賢其賢而親其親」），引領人民，更新人民素質，讓他們過著美好的日子（「小人樂其樂而利其利」）；所以當他去世後，人民當然要念念不忘他（「前王」）所賜予的恩澤了。〔註6〕

〈大學〉在齊家、治國一段，以及治國、平天下一段又說：

> 故君子不出家而成教於國……一家仁，一國興仁；一家讓，一國興讓……堯舜帥天下以仁，而民從之；桀紂帥天下以暴，而民從之。其所令反其所好，而民不從。是故君子有諸己而后求諸人，無諸己而后非諸人。所藏乎身不恕，而能喻人者，未之有也。……宜其家人，而后可以教國人。……宜兄宜弟，而后可以教國人……詩云：「其儀不忒，正是四國。」其爲父子兄弟足法，而后民法之也。
>
> 上老老而民興孝，上長長而民興弟，上恤孤而民不倍。

這都是爲政者用自身德行當楷模表率來帶領人民教導人民的意思。值得注意的是，文中出現「教」字三次（一次名詞，二次動詞），「帥」字二次，「令」、

〔註6〕鄭注、孔疏、朱注對這段話的說明都不順暢、不合文意，這裡是我重新作的解釋。

「求」、「非」、「喻」、「正」字各一次；這都是跟爲政者「新民」有關的動作字。文中又有「從」字、「法」字各二次，這是跟人民遵從、效法有關的動作字。從這些用字來看，〈大學〉政治論裡頭確實有個「新民」（而不是「親民」）的思維，那一心一意去教誡、規正人民，將人民原有的生命素質生命狀態做一番更「新」的意態是頗爲強烈的。

　　這裡，考量一下〈大學〉的修養論，就可明白〈大學〉何以在政治論上會有這種「新民」（而不是「親民」）的思路了。因爲，既然連爲政者、精英份子都需要根據致知所得來誠意務本、愼獨自修、去偏去辟、才能修成明德；那麼，廣大的民眾當然就更須要在成熟者的帶領、教導下才能逐步去學習、蛻變、更新了。

（三）止於至善

　　由於對「明明德」理解有誤，朱子、王陽明對「止於至善」的理解（「盡夫天理之極」、「盡其心之本體」）也跟著偏離〈大學〉原義。重新來看，既然〈大學〉的「明明德」、「新民」兩者都是政治實踐的理念，那麼「止於至善」所指的就應該是明明德、新民所達到的效驗和狀態，也就是「（家、國、天下）達到至善的狀態」。

　　〈大學〉在「誠意」一段提到爲政者在追求「止於至善」時一方面必須對「所止」的實質內容有眞實的知曉肯認，一方面又必須以「誠意」的態度來追求。而它具體說到「所止」的「至善」的內容則是：

> 子曰：「於止，知其所止……」……爲人君，止於仁；爲人臣，止於敬；爲人子，止於孝，爲人父，止於慈；與國人交，止於信。子曰：「聽訟，吾猶人也。必也使無訟乎！」無情者不得盡其辭，大畏民志，此謂知本。

這便是一個上上下下各自依循所「知」（「知其所止」的「知」）的準則──仁、敬、孝、慈、信──誠意地、切實地實踐，做到人人各「止其所」而「思不出其位」﹝註7﹞而人民也都「無訟」的莊嚴和諧的社會。應該注意的是，「止於至善」是朝向一個政治上客觀的美好的狀態去實踐去達成；不能單單說成或直接說成「盡夫天理之極」與「盡其心之本體」。必須說，這樣的理解，才合於「止」字本身的用法，也才合於〈大學〉的意義脈絡。

────────────

﹝註7﹞《周易‧艮》〈彖傳〉、〈象傳〉。

二、「明明德」的思想定位

「德」是儒家一個很根本的概念；而為政者必須有「德」，這也是儒家的
通義。孔子已經說過「為政以德」、「道之以德」、「君子之德，風；小人之德，
草。草上之風必偃。」以及「遠人不服，則脩文德以來之」的話。﹝註8﹞接下
來，到了孟子、荀子，它們當然也都繼續強調、闡揚「為政以德」這個主張，
然而兩個人所強調的內涵卻各有不同。

（一）「明明德」與孟子思想的關係

孟子曾多次討論為政者的「德」與政治的關係說：

（齊宣王）曰：「德何如則可以王矣？」曰：「保民而王，莫之能禦
也。」（〈梁惠王上〉7）

孔子曰：「德之流行，速於置郵而傳命。」當今之時，萬乘之國行仁
政，民之悅之猶解倒懸也。故事半古之人，功必倍之，惟此時為然。
（〈公孫丑上〉1）

以德行仁者王，王不待大……以德服人者，中心悅而誠服也。
（〈公孫丑上〉3）

上有好者，下必有甚焉者矣。君子之德，風也；小人之德，草也。
草上之風必偃。（〈滕文公上〉2）

為政不難，不得罪於巨室。巨室之所慕，一國慕之；一國之所慕，
天下慕之，故沛然德教溢乎四海。（〈離婁上〉6）

匹夫而有天下者，德必若舜禹，而又有天子薦之者。（〈萬章上〉6）

看來孟子比較強調的是為政者只要有德自然可以服人，自然可以讓人民「悅
之」、「慕之」；側重在德的「交互感通」的一面。《孟子》中提到「明君」、「明
其政刑」、「明人倫」、「人倫明於上」各一次；但並沒有明顯地出現類似「明德」
的語詞，以及為政者向人民顯現自身德行作為榜樣、表率的「明明德」的概念。
照這樣看來，〈大學〉「明明德」的觀點和孟子思想並沒有明顯的關聯。

（二）「明明德」與荀子思想的關係

在《荀子》一書中出現「明王」5次，「明主」15次，「明君」11次；

﹝註8﹞引述此數例，係檢索陳立夫所主編：《四書章句速檢》（台北：世界書局，1987
再版）的結果，下同。

〔註9〕單單從這幾個語詞已經可以看出荀子頗爲注重爲政者的「明」的德行了。再看：

　　……是故百姓貴之如帝，親之如父母，爲之出死斷亡而不愉（按：偷也）者，無他故焉，道德誠明，利澤誠厚也。（〈王霸〉）

　　《書》曰：「……爲上則明，爲下則遜。」（〈臣道〉）

　　……上明而政平，則是（按：此「是」指的是自然界的異象）雖並世起，無傷也；上闇而政險，則是雖無一至者，無益也。（〈天論〉）

　　天下者……至眾也，非至明莫之能和。（〈正論〉）

　　周（按：周是周密，指隱蔽事實）而成，泄而敗，明君無之有也。宣（按：宣是公開事實）而成，隱而敗，闇君無之有也……君人者，宣則直言至矣，而讒言反矣，君子邇而小人遠矣。《詩》曰：「明明在下，赫赫在上。」此言上明而下化也。（〈解蔽〉）

果然，荀子明確地主張，爲政者必須具有通透光明的「德」（「道德誠明」）和公正公開表裡如一的作爲（「明」、「至明」、「宣」）才能有效地教化人民（「上明而下化」）。荀子在〈天論〉篇甚至把他所最看重的，修己治人所必須仰仗、依據的禮義，說成人間的至「明」之物（「在天者莫明於日月，在地者莫明於水火，在人者莫明於禮義」）。這樣，爲政者德行的「明」和所依據禮義的「明」兩相結合，就構成了人民可以放心信服、跟隨學習、接受調治的一個光明顯赫的教化中心。應該說，這一點正是在性惡論的前提以及隨之而來的尊君隆禮、以君教民化民的理路底下所絕對需要的。〔註10〕

　　上述荀子關於君王施政的「明」的觀點，已經跟〈大學〉「明明德」的內涵相近相通了。不僅如此，我們再看以下的三則：

　　人主之患，不在乎不言用賢，而在乎不誠必用賢。夫言用賢者，口也；卻賢者，行也；口、行相反，而欲賢者之至，不肖者之退也，不亦難乎！夫耀蟬者務在明其火、振其樹而已；火不明，雖振其樹，

〔註9〕此據《諸子引得：荀子》（台北：丹青圖書公司影印哈佛燕京學社荀子引得本，1986）。

〔註10〕荀子對「明」的看重，以及《荀子》裡許多與「明」有關的語詞，可另參見蔣年豐：〈荀子「隆禮義而殺詩書」涵義之重探──從「克明克類」的世界著眼〉，《第一屆中國思想史研討會論文集──先秦儒法道思想之交融及其影響》（台中：東海大學文學院編印，1989），頁123～140。

無益也。今人主有能明其德者，則天下歸之若蟬之歸明火也。

（〈致士〉）

治之經，禮與刑，君子以脩百姓寧。明德慎罰，國家既治四海平。

（〈成相〉）

世俗之爲說者曰：「主道利周。」（按：周是周密隱蔽、不可測度之意。〔註11〕）是不然。主者，民之唱也；上者，下之儀也。彼將聽唱而應，視儀而動。唱默則民無應也，儀隱則下無動也……故上者下之本也；上宣明則下治辨矣，上端誠則下愿愨矣，上公正則下易直矣……上周密則下疑玄矣，上幽險則下漸詐矣，上偏曲則下比周矣……故主道利明不利幽，利宣不利周……故主道莫惡乎難知，莫危乎使下畏己。傳曰：「惡之者眾則危。」《書》曰：「克明明德。」《詩》曰：「明明在下。」故先王明之，豈特宣之耳哉！（〈正論〉）

這裡的意思跟剛才一樣，只不過第一則是就著具體事務來說，而第三則說得特別詳明完整罷了。但最重要的是，這三則引文中明明白白地分別出現「明其德」、「明德（按：這裡「明」爲動詞，「明德」可看作「明明德」的省略）」、「克明明德」等語，而都是「君王向人民宣明、顯明自己的光明德行」的意思。據此可以確定，〈大學〉的「明明德」是荀子一路的觀點，是來自荀子思想的。

三、「新民」的思想定位

（一）「新民」與孟子思想

《孟子·滕文公上·3》裡，孟子對滕文公說：

《詩》云：「周雖舊邦，其命惟新」，文王之謂也。子力行之，亦以新子之國。

這兒出現了「新子之國」一語，所引《詩經》的「周雖舊邦，其命惟新」一句也與〈大學〉所引相同。似乎這就是〈大學〉「新民」的來源了。〔註12〕不

〔註11〕「主道利周」是法家的觀點，《韓非子·八經》便說：「明主，其務在周密。是以喜見則德償，怒見則威分。故明主之言，隔塞而不通，周密而不見。」見陳啓天：《韓非子校釋》（台北：台灣商務印書館，1985 五版），頁 168。

〔註12〕勞榦有類似的意見，他並且認爲這就是〈大學〉所引〈盤銘〉、〈康誥〉的「新」字的來源，參見勞榦，〈大學出於孟學說〉，《中央研究院歷史語言研究所集刊》38，1968 年 1 月。

過，就一個「國」來說「新」，或就一個「邦」（相當於「國」）的「天命」來說「新」，其實跟〈大學〉就著「民」來說「新」未必直接等同。所以我們必須再從別的角度來思考。

　　孟子就著「民」字敘述爲政者對人民的政治作爲，一般地說或中性地說的有「治民」、「使民」等語，正面述說的有「保民」（2 次）、「安天下之民」（3 次）、「長民」、「憂民」、「救民」、「視民如傷」、「仁民」（2 次）等語，而反面述說的則有「罔民」、「虐民」、「虐其民」、「厲民」、「毆民」、「殃民」（2 次）、「糜爛其民」等語。〔註 13〕檢視這些用語可以看出，在性善論的立場上，孟子對於怎樣治理人民是比較放心以及樂觀的；因此他所強調的重點就落在爲政者的自我要求、自我承擔和付出上面，認爲爲政者能夠如此做的話那麼人民的感通、悅慕都會自然而然地隨之而來了。而當他直接談到對人民的感化時，則是一片的易簡、明暢與和樂：

> 霸者之民驩虞如也，王者之民皡皡如也。殺之而不怨，利之而不庸（得了好處也不知道是誰的功績），民日遷善而不知爲之者。夫君子所過者化，所存者神，上下與天地同流，豈曰小補之哉？
> （〈盡心上〉13）

從以上所述來看，孟子政治思想中比較沒有也不需要有〈大學〉那種積極教導、規正人民的「新民」的概念。應該說，在孟子思想中，人民的種種「日遷善」都會被看成本性的自然呈現，因此是不必特別強調君王對人民的「新民」的作爲的。

（二）「新民」與荀子思想

　　《荀子》一書中，就著「民」字敘述爲政者對人民的政治作爲，比較中性的有「取民」（3 次）、「力民」、「使民」（4 次）、「附民」（3 次）、「治民」（3 次）、「務民」、「服民」等；正面述說的有「愛民」（11 次）、「富民」、「息民」、「裕民」（9 次）、「畜民」、「生民」（4 次）、「養民」、「長民」、「利民」等；而反面述說的則有「傷人之民」（2 次）、「傷吾民」（2 次）、「忘民」、「失民」（3 次）、「欺其民」、「詐其民」等。此外尤其值得注意的是，又有關於管理、調治人民的「一民」（4 次）、「齊民」、「馭民」、「壹民」、「凝民」等語詞。〔註 14〕

　　再看同書中就著「百姓」一詞敘述爲政者對人民的政治作爲，正面述說

〔註 13〕此據《四書章句速檢》。
〔註 14〕此據《諸子引得：荀子》。

的有「保百姓」、「養百姓」（3次）、「慈愛百姓」；反面述說的則有「欺百姓」一詞。此外，同樣的，也是又有關於調治、導引人民的「和齊百姓」、「砥礪百姓」、「鎮輔百姓」等語。〔註15〕從上述現象看來，荀子在性惡論的立場上認為，為政者除了自我要求、愛民養民、裕民利民外，還必須加意地教導、規正、齊一、駕馭、凝合、砥礪、鎮輔人民。後面這一點正反映了荀子所謂「不教無以理民性」（〈大略〉）的觀點。底下我們就來看荀子對「理民性」的一段具體描述：

> 故厚德音以先之，明禮義以道之，致忠信以愛之，尚賢使能以次之，爵服慶賞以申之，時其事、輕其任以調齊之、長養之，如保赤子……故民歸之如流水，所存者神，所為者化。〔□□□□之屬為之化〕而順，暴悍勇力之屬為之化而愿，旁辟曲私之屬為之化而公，矜糾收縡之屬為之化而調，夫是之謂大化至一。（〈議兵〉）

這完全不是孟子一路直接感召人民讓人民善的本性自然呈現出來的思路，而是藉由施政、教導、規範、獎賞把人民的本性馴服、轉化、更新的「作新民」的想法。顯然，〈大學〉的「新民」應該就是荀子這種思想觀點所醞釀出來的概念，是從上述「一民」、「壹民」、「齊民」、「馭民」等語所進一步衍生出來而更明朗更有傳達效果的新創語詞。

四、「止於至善」的思想定位

（一）「止於至善」與孟子思想

在《孟子》一書裡，「止」字都只是一般「停止」、「停留」的動作的意思。〔註16〕

另外，孟子說：「乃若其情，則可以為善矣，乃所謂善也。」（〈告子上〉5）又說：「可欲之謂善。」（〈盡心下〉25）可見他所謂的「善」比較是從心性的善來說的（而此心性之善正是人所固有的本質），其呈現、實現也比較是由內向外擴充而成的。

再看《孟子》書中以「至」字起頭的觀念語詞「至誠」、「至孝」、「至仁」等〔註17〕，它們跟孟子所謂「善」一樣，都是指一種內在內發的精神價值、

〔註15〕同上。又：在《孟子》一書中並無就「百姓」一詞而言的此類用語。
〔註16〕此據《四書章句速檢》歸納而得。
〔註17〕據《四書章句速檢》。

精神品質。依孟子思想理路，如果要述說這些內在內發的精神價值的實現、達成的話，與其說「止於」，還不如說「復」、說「充」、說「盡」來得恰當。

　　由以上所述來看，孟子比較不會像〈大學〉那樣，就著一個客觀意味的「至善」概念（約略是「群體、社會的美好的狀態與秩序」的意思）來講「止於至善」。

（二）「止於至善」與荀子思想

　　首先，荀子說：「人之性惡，其善者偽也。」，又說：「凡古今天下之所謂善者，正理平治也；所謂惡者，偏險悖亂也。」（〈性惡〉）依此，荀子所謂「善」比較是就著後天實踐的成果來說的，並且還帶有明顯的政治關懷的性格（「正理平治」）。這樣的善顯然比較具有客觀性，可以具體地成為一個外在的參照標準，所以荀子說：

> 古者聖人以人之性惡……故爲之立君上之勢以臨之，明禮義以化
> 之，起法正以治之，重刑罰以禁之，使天下皆出於治，合於善也。
> （〈性惡〉）

這裡的「明禮義、起法正」以化民、治民（當然另外還加了個「重刑罰以禁之」），使天下「皆出於治，合於善」，簡直就是「明明德、新民、止於至善」思想的前身與素坯。應該說，這是極有可能的——前者只就「善」而言，所以說「合於」；後者就最高標準的「至善」而言，當然要改說成「止於」了（除了這個小小的差異外，兩者大致是相當的）。

　　其次，在《荀子》一書中，以「至」字起頭的觀念語詞，比較一般的有「至高」、「至卑」、「至遠」、「至下」……等約二十個，指稱負面現象的有「至貪」、「至闇」、「至亂」……等六個，這些都跟此刻的討論無關。除此之外真正值得注意的有「至忠」、「至德」、「至順」、「至尊」（2次）、「至約」（3次）、「至辨」、「至明」（2次）、「至賢」、「至足」（2次）、「至文」（3次）、「至道」（3次）、「至一」、「至平」（2次）、「至治」（4次）等十四個。〔註18〕其中最關鍵最重要的是「至足」和「至平」；先看「至平」一詞：

> 故仁人在上，則農以力盡田，賈以察盡財……士大夫以上至於公侯
> 莫不以仁厚知能盡官職，夫是之謂至平。（〈榮辱〉）

> 君子者，治之原也……故上好禮義，尚賢使能……則下亦將慕辭讓，
> 致忠信……故賞不用而民勸，罰不用而民服，有司不勞而事治，政

〔註18〕此據《諸子引得：荀子》。

> 令不煩而俗美；百姓莫敢不順上之法，象上之志，而勸上之事，而
> 安樂之矣。故藉斂忘費，事業忘勞……四海之民不待令而一，夫是
> 之謂至平。(〈君道〉)

這兩個用「至平」來指稱仁人、君子的施政效驗的例子頗具意義。前面提過，
荀子以「正理平治」為「善」；這裡我們又看到，荀子也已經使用「至平」一
詞來表示施政的美好效果了；那麼，在荀子後學中，有人創用「至善」一詞，
也用來指稱施政的美好效驗，應該是極為可能的事。

再看「至足」一詞：〔註19〕

> 學，老身長子，而與愚者若一，猶不知錯，夫是之謂妄人。故學也
> 者，固學止之也。惡乎止之？曰：止諸至足。曷謂至足？曰：聖王
> 也。聖也者，盡倫者也；王也者，盡制者也。兩盡者，足以為天下
> 極矣。故學者，以聖王為師，案以聖王之制為法，法其法以求其統
> 類，以務象效其人。(〈解蔽〉)

這裡雖只是就一個人道德學問的終極目標來說「止諸至足」，但「止諸至足」
一詞與〈大學〉的「止於至善」結構全同、字面也極接近。進一步看，「止諸」
其實就是「止於」，「至足」的具體內涵（盡倫盡制的聖王典範）也都跟政治
實踐的成效有關（而不是單單就著心性修養的心靈境界來說的）；如果借用荀
子自己的術語，將「至足」改為就政治脈絡就施政成效來說的「至平」，則整
個詞（「止諸至足」）變成「止於至平」，那就幾乎跟〈大學〉的「止於至善」
完全相等了。從以上的討論可以確定，〈大學〉的「止於至善」是個荀學性格
的概念，它是在荀子的思想理路、習慣用語、構詞方式的基礎上所衍生、創
造出來的一個新語詞。

最後再就「所止」的具體內容做個討論。荀子說：

> 請問為人君，曰：以禮分施，均遍而不偏。請問為人臣，曰：以禮
> 待君，忠順而不懈。請問為人父，曰：寬惠而有禮。請問為人子，
> 曰：敬愛而致恭。請問為人兄，曰：慈愛而見友。請問為人弟，曰：
> 致詘而不苟。請問為人夫，曰：致和而不流，致臨而有辨。請問為
> 人妻，曰：夫有禮則柔從聽侍，夫無禮則恐懼而自竦也……請問兼
> 能之奈何？曰：審之禮也。(〈君道〉)

〔註19〕北大哲學系校注：《荀子新注》（台北：里仁書局，1983），頁432。又：這則
資料早就由馮友蘭注意到了，參見第三章第二節。

這段話跟〈大學〉「誠意」一段論及君、臣、父、子、國人所應「止」的準則（即該有的「至善」表現）頗可做個對比。〈大學〉說：「爲人君，止於仁；爲人臣，止於敬；爲人子，止於孝；爲人父，止於慈；與國人交，止於信。」乍看之下，《荀子》與〈大學〉關於君、臣、父、子四者的論述並不一樣。趙澤厚據此認爲這是〈大學〉與《荀子》「主要思想多不相同」的其中一點，他說：〔註20〕

> 〈大學〉言君仁、臣敬、父慈、子孝，而《荀子》則言君禮、臣忠、父寬惠有禮、子敬愛而致文，此二者對人倫關係說法之不同也。

必須說，這是一個單就字面上、表面上的差異做成的論斷。荀子在《君道》篇中的確凸顯了「禮」的向度，但他只是有意從「禮」的角度度來做一個貫穿的說明，而當人君能夠「以禮分施，均遍而不偏」的時候豈不就表現了「仁」？〔註21〕當人臣能夠「以禮待君，忠順而不懈」的時候豈不就表現了「敬」？當人父能夠「寬惠而有禮」的時候豈不就表現了「慈」？當人子能夠「敬愛而致恭」的時候豈不就表現了「孝」？總之《荀子·君道》這段話跟〈大學〉思想仍然是一一相應相合的，事實上這個例子再度證明了〈大學〉思想與荀子的密切關係。

第三節 「絜矩之道」及其他——施政的具體原則

基於明明德、新民、止於至善三項基本理念，〈大學〉另外又說到施政的一些具體原則，不過敘述得比較分散比較不明顯，所以我將它們歸納、整理、討論了一下，做爲未來關於這方面的研究的一個開頭。

（一）以修身為本

〈大學〉在政治實踐上主張「明明德」，然而「明明德」的條件在於爲政者的身具「明德」，這就決定了爲政者必須以修身爲本。所以〈大學〉說：

> 自天子以至庶人，壹是皆以修身爲本。其本亂而末治者，否矣。其所厚者薄，而其所薄者厚，未之有也。

〔註20〕趙澤厚：《大學研究》（台北：台灣中華書局，1972），頁 46～47。

〔註21〕《荀子·大略》說：「君子處仁以義……行義以禮。」所以荀子以禮爲主來論仁原是當然的。參見周振群：《荀子思想研究》（台北：文津出版社，1987），頁 89。

「以修身爲本」這一點獨立地看應該是儒家的通義。不過,〈大學〉「以修身爲本」的主旨以及重點是要修成明德,然後顯明這明德,作爲人民瞻望、效法、學習的榜樣(所謂「堯舜率天下以仁,而民從之」、「其爲父子兄弟足法,而後民法之。」);這就使得〈大學〉「以修身爲本」的原則偏向了荀子一派。

但這一點很容易被朝向負面去解讀。勞思光就曾經拿「修身爲本」來討論孟子、荀子思想的差異說:〔註22〕

> 孟子曾謂:
> 「天下之本在國,國之本在家,家之本在身。」(〈離婁上〉)
> 此即謂政治之成功須以領導者之德性完成爲基礎也。荀子亦謂:
> 「聞修身,未嘗聞爲國也。君者,儀也;儀正而景正。君者,槃也;槃圓而水圓……」(〈君道〉)
> 此亦是說,人君或領導者自身之行爲即爲決定政治秩序成敗之條件。此二說表面視之,似無大異。然若自孟荀二人之全面理論著眼,則其間仍有一分別……孟子言「身」爲天下及國家之「本」時,其所肯定者乃領導者之「價值自覺」與其在政治生活中之「行爲」間之關係;亦即由「仁心」生「仁政」,而不在於領導者與其他個人間之關係。荀子之意則不然,荀子論「君」,原重在一權威標準之建立,故說「身」之重要時,則強調在下之群眾必模效領導者。其所肯定者乃「領導者之行爲」與「被治者之行爲」間之關係。

勞氏對荀子思想的詮釋帶有一些孟學本位立場的成見,不過這段話大致揭示了孟、荀二人思想的相對差異。〈大學〉講修身,的確有「爲民表儀、法式」的用意,而這點恰恰是荀子比孟子明顯地更加看重的地方。

(二)由近而遠

〈大學〉說:「身修而后家齊,家齊而后國治,國治而后天下平。」據此我們提出〈大學〉另一個原則——由近而遠。它跟前面「修身爲本」可算是兩個密切相關的通則,分別來自「物有本末,事有終始」一語的前後兩半。

由近而遠應該也是儒家思想的通義。不過孟子說:「天下之本在國,國之本在家,家之本在身。」(〈離婁上〉5),這段話與〈大學〉修身、齊家、治國、平天下的次序正好完整地一一對應,倒是《荀子》裡似乎沒有類似這樣

〔註22〕勞思光:《新編中國哲學史(二)》(台北:三民書局,1991增訂六版),頁39。

一個完整的表達，這就很容易讓人以為，〈大學〉修、齊、治、平的次序來自《孟子》同於《孟子》而跟《荀子》有別。趙澤厚就曾引《荀子・君道》「聞修身，未嘗聞為國也。君者，儀也，儀正而景正」一段來跟〈大學〉「……孝者所以事君也。弟者所以事長也。慈者所以使眾也……一家仁，一國興仁……」一段相對照，說：〔註23〕

> 〈大學〉與《荀子》，二者所言，在原則上，雖然相同，但在程序上，則有差異。〈大學〉係由修身而至齊家，由齊家而至國治。而《荀子》則係由修身而至國治。從其內容言，〈大學〉言：「一家仁，一國興仁；一家讓，一國興讓。」而《荀子》則云：「君者儀也，儀正而景正。」「君射則臣決。」另又云：「君者，民之原也。原清則流清。」《荀子》所言，係由君而影響臣民。其影響係出之於政治系統。而〈大學〉則係由身而家，由家而國，其影響，則偏重於倫理關係，此二者之不同也。

他認為荀子跳過「家」，直接經由政治系統影響臣民，跟〈大學〉透過倫理關係由「家」而「國」的情況有別。不過這樣的區分並不確當。首先，〈大學〉由齊家而治國，並不代表它偏重倫理關係而不看重政治系統政治層面（從〈大學〉全文的政治關懷性格來看就知道這是不可能的）。其次，荀子說：「鬥者，忘其身者也，忘其親者也，忘其君者也。」（〈榮辱〉）這裡警惕人們不可忘其身、親、君，其中正關聯著修身、齊家、治國三個彼此相銜接的向度。荀子又說：「夫婦之道，不可不正也，君臣、父子之本也。」（〈大略〉），又引述孔子與子貢的對話說：

> 子貢問於孔子曰：「賜倦於學矣，願息事君。」……「然則賜願息事親。」……「然則賜願息於妻子。」孔子曰：「詩云：『刑於寡妻（按：刑通型，指做為榜樣），至于兄弟，以御於家邦。』妻子難，妻子焉可息哉！」（〈大略〉）

這不也是在宣說「能齊家才能治國」的道理麼！從這點看來，荀子並非跳過「齊家」一段，只透過政治系統去影響臣民的。

我們繼續看一些孟子、荀子的相關言論。首先，孟子說：

> 老吾老，以及人之老；幼吾幼，以及人之幼。天下可運於掌。詩云：

〔註23〕趙澤厚：《大學研究》，頁45。

「刑于寡妻，至于兄弟，以御于家邦。」言舉斯心加諸彼而已。
（〈梁惠王上〉7）

又說：「行有不得者皆反求諸己，其身正而天下歸之。」（〈離婁上〉4）又說：「師文王，大國五年，小國七年，必爲政於天下矣。」（〈離婁上〉7）又說：「君子之守，修其身而天下平。」（〈盡心下〉32）

其次，荀子說：「綦定而國定，國定而天下定。」（〈王霸〉）又說：「貴賤明，隆殺辨，和樂而不流，弟長而無遺，安燕而不亂；此五行者，足以正身安國矣。彼國安而天下安。」（〈樂論〉）又說：「治之經，禮與刑，君子以脩百姓寧。明德慎罰，國家既治四海平。」（〈成相〉）

顯然，不管孟子或荀子，都會同意由家而國，由國而天下的實踐步驟；也都可能在行文之際，只側重於某個環節來發揮申論。應該說，這個理路是孟、荀共有的傳統，而〈大學〉在這個共同的傳統底下做了一個有力的歸納，也提出一個更清晰的全幅而系統的表達。

（三）絜矩之道

〈大學〉要求爲政者以脩身爲本，然後由近而遠地逐步實踐。除外，〈大學〉在「治國／平天下」一段（這段應該是具體論述施政問題的主幹，篇幅最長。在它前面的「修身／齊家」和「齊家／治國」兩段則比較是基礎的環節，篇幅短了許多）又揭示了其他幾個施政的具體原則——「絜矩之道」、「舉賢退不善」和「以義爲利」等。底下先談「絜矩之道」。

〈大學〉說：

> 所謂平天下在治其國者，上老老而民興孝，上長長而民興弟，上恤孤而民不倍。是以君子有絜矩之道也。所惡於上，毋以使下；所惡於下，毋以事上。所惡於前，毋以先後；所惡於後，無以從前；所惡於右，毋以交於左；所惡於左，毋以交於右。此之謂絜矩之道。

這段話前半段旨在說明何以需要絜矩之道（「是以」二字透露了這個意思）。簡單地說，在上位的人知道他怎麼做都會成爲人民的榜樣；因爲是這麼地重要，所以他要利用「絜矩之道」來把事情做對。

這段話後半部的「所惡於……毋以……」等句就是絜矩之道的具體內容了。我們看，《論語》裡孔子將「恕」解釋爲「己所不欲，勿施於人。」（〈衛靈公〉24），這跟〈大學〉「所惡於……毋以……」等句的意思相似。然而，〈大學〉的「所惡於」比孔子的「所不欲」語氣強烈多了。〈大學〉把這個原則稱

作「絜矩之道」，也就是「絜法之道」，也就是執持在手隨時運用的一種方法（朱注不合原義，此依鄭注。參見第一章第三節）。事實上，從「所惡於……毋以……」等句來看，這所執持的「矩／法」大致就是就著具體人事來衡量拿捏的一種思考方法，正是〈大學〉致知論在現實脈絡裡的應用。整體來看，〈大學〉「絜矩之道」顯然是荀子一路。

孟子說：「推恩足以保四海，不推恩無以保妻子。」（〈梁惠王上〉7）在孟子，由於主張仁義內在而本具，他所謂「推恩」恰恰就是把這內在本具而純粹圓滿的仁義往外推擴落實，因此他可以只講個「推恩」便足夠。從這點來看，〈大學〉「絜矩之道」跟孟子思想的交集不大。

然而荀子的情況就不是這樣了。他說：「推恩而不理，不成仁。」（〈大略〉）因為人們所自以為的善意付出（所謂的「恩」）有可能自以為是或參雜私意而傷害了對方，所以必須有另外的工夫才能讓推恩中理合義，這是性惡論立場下對「推恩」必該加上的一個條件。荀子又說：

> 聖人者，以己度者也。故以人度人，以情度情，以類度類，以説度功，以道觀盡，古今一也。類不悖，雖久同理，故鄉乎邪曲而不迷，觀乎雜物而不惑，以此度之。（〈非相〉）

這兒，「以己度」也就是「以人度人」、「以情度情」、「以類度類」等大致就是讓「推恩」中理合義的方法了。而這「以人度人」、「以情度情」、「以類度類」跟〈大學〉的「絜矩之道」正相類似。荀子又說：

> 君子位尊而志恭，心小而道大，所聽視者近，而所聞見者遠。是何邪？則操術然也。故千人萬人之情，一人之情是也……推禮義之統，分是非之分，總天下之要，治海內之眾，若使一人。故操彌約而事彌大。五寸之矩，盡天下之方也。故君子不下室堂而海內之情舉積此者，則操術然也。（〈不苟〉）

這裡進一步把「以己度」的原則更清楚更廣大地闡明了。人性是惡，不能據以向外推擴。但人性的內涵、條理與出路相似相通，所以只要是自己實實在在用來導正調理本性的辦法（「術」、「要」、「禮義之統」等），就也會是面對其他一切人的問題時處理的準則，而這就是在位者施政時必要的「操術」了。重要的是，文中的「五寸之矩」顯然是對所「操」的「術」的一個譬喻。那麼「操術」就是「操五寸之矩」了。

把《荀子》〈非相〉篇「以己度」和〈不苟〉篇「操術」的觀點合併起來看，〈大學〉「絜矩之道（絜法之道）」的概念和內涵不就在裡面了麼？

（四）舉賢退不善

既然在施政上主張「明明德」，那麼當選用人才時就會以「身具明德」爲標準；所以〈大學〉又強調「舉賢退不善」。

孔子說：「舉賢才」（〈子路〉）又說：：「舉直錯諸枉，則民服；舉枉錯諸直，則民不服。」（〈爲政〉），又說：「唯仁者能好人，能惡人」（〈里仁〉）。不妨說，「舉賢退不善」這個原則的本身應該是儒家的通義。不過，我們還是可以進一步看看〈大學〉「舉賢退不善」的具體內涵及其跟《荀子》的具體相關性。

〈大學〉先引《楚書》的「楚國無以爲寶，惟善（按：指善人）以爲寶」，引晉文公的舅舅子犯所說的「亡人無以爲寶，仁親（按：指關愛親人）以爲寶」，又引《尚書・秦誓》的「若有一介臣……其心休休焉，其如有容焉。人之有技，若己有之。人之彥聖，其心好之……人之有技，媢嫉以惡之。人之彥聖，而違之，俾不通，寔不能容，以不能保我子孫黎民……」，然後說：

> 唯仁人流放之，迸諸四夷，不與同中國（按：這是針對〈秦誓〉裡所謂媢嫉賢人、不能保子孫黎民的臣子來說的）。此謂唯仁人爲能好人，能惡人。見賢而不能舉，舉而不能先，命也（按：即慢也）。見不善而不能退，退而不能遠，過也。好人之所惡，惡人之所好，是謂拂人之性，菑必逮夫身……

上面這幾處引文和這段話的意思可以歸納如下：

（1）要像關愛親人、以親人爲寶那樣，眞心地看重善人、賢人，以善人、賢人爲寶，同時要眞心地、優先地舉用善人、賢人。

（2）要能辨明那些不善之人（例如嫉惡賢人的人），明確地予以揚棄之迸除之流放之。

（3）強調「仁人」的角色，認爲只有「仁人」才能眞正做到上述兩點（「唯仁人爲能愛人、能惡人」）。

重要的是，這三項敘述，在《荀子》書中都有類似的相互呼應的內容，而在《孟子》書中則不明顯。先看第一點。孟子說：「諸侯之寶三：土地、人民、政事。」（〈盡心下〉28）這跟〈大學〉所看作「寶」的內容（善人、賢人）顯然不同。但荀子說：

> 欲得調壹天下，制秦、楚，則莫若聰明君子矣。其用知甚簡，其爲事不勞而功名致大，甚易處而綦可樂也。故明君以爲寶，而愚者以爲難。（〈王霸〉）

……在慎取相……既知且仁，是人主之寶也，而王霸之佐也。不急得，不知；得而不用，不仁。（〈君道〉）

故諫、爭、輔、拂之人，社稷之臣也，國君之寶也，明君之所尊厚也，而闇主惑君以爲己賊也。（〈臣道〉）

口能言之，身能行之，國寶也。口不能言，身能行之，國器也……治國者敬其寶，愛其器……（〈大略〉）

跟〈大學〉一樣，這四則引文都是明明白白以賢人（「聰明君子」、「知且仁」者、「諫、爭、輔、拂之人」、「口能言之，身能行之」者）爲「寶」的。

再看第二點。孟子並沒有明顯批評到嫉妒賢人阻擋賢人的情形，但《荀子》裡則提到「妒賢能」二次、「妒賢」、「妒賢畏能」、「妒功毀能」各一次。〔註24〕尤其還有一段專論如下：

士有妒友，則賢交不親；君有妒臣，則賢人不至。蔽公者謂之昧，隱良者謂之妒，奉妒昧者謂之交譎。交譎之人，妒昧之臣，國之葳孽也。（〈大略〉）

可以說，〈大學〉非常鄭重地引用了《尚書‧秦誓》論媢嫉賢人的一段文字（這是〈大學〉引文中特別長的一段），這跟《荀子》一再地、特別地注意「妒賢能」問題的態度是一致的。

最後看第三點。在論及舉賢退不善的時候，孟子特別看重「國人」的意見，他說：

左右皆曰賢，未可也；諸大夫皆曰賢，未可也；國人皆曰賢，然後察之；見賢焉，然後用之。左右皆曰不可，勿聽；諸大夫皆曰不可，勿聽；國人皆曰不可，然後察之；見不可焉，然後去之。左右皆曰可殺，勿聽；諸大夫皆曰可殺，勿聽；國人皆曰可殺，然後察之；見可殺焉，然後殺之。故曰，國人殺之也。如此，然後可以爲民父母。（〈梁惠王下〉7）

比較起來，荀子更強調爲政者的判斷能力，也說：

若夫譎德而定次，量能而授官，使賢不肖皆得其位，能不能皆得其官，萬物得其宜，事變得其應……言必當理，事必當務，是然後君子之所長矣。（〈儒效〉）

〔註24〕據《諸子引得：荀子》。

應該說，在「性惡」以及「君爲民原」、「以君一民」的理念下，荀子當然要期盼爲政者自己來辨明官員的能力與操守了。荀子又說：

> 故先王聖人爲之不然……故必將……必將……然後眾人徒、備官職、漸慶賞、嚴刑罰，以戒其心；使天下生民之屬，皆知己之所願欲之舉在是於（按：同「在於是」）也，故其賞行；皆知己之所畏恐之舉在是於也，故其罰威（按：指懲罰有威力）。賞行罰威，則賢者可得而進也，不肖者可得而退也，能不能可得而官也（按：能與不能都得著適當任用）……（〈富國〉）

在這一段裡，先王聖人施政表現的一個重點是「賢者可得而進也，不肖者可得而退也」；這跟〈大學〉強調「唯仁人爲能愛人，能惡人」，要求爲政者「舉賢退不善」的理路與措辭都是相似的。

由以上所論，我認爲〈大學〉「舉賢退不善」的觀點本身雖是儒家通義，但它的具體內涵是跟《荀子》有比較明顯的交集的。

（五）以義為利

〈大學〉在全文最後提出施政應該「以義爲利」的原則：

> 仁者以財發身，不仁者以身發財。未有上好仁而下不好義者也。未有好義其事不終者也，未有府庫財非其財者也。孟獻子曰：「畜馬乘，不察於雞豚。伐冰之家，不畜牛羊。百乘之家，不畜聚斂之臣。與其有聚斂之臣，寧有盜臣。」此謂國不以利爲利，以義爲利也。長國家而務財用者，必自小人矣。彼爲善之，小人之使爲國家，菑害並至。雖有善者，亦無如之何矣。此謂國不以利爲利，以義爲利也。

施政應堅守「以義爲利」的原則，不可「以利爲利」；而具體的做法，就是不與下爭利，不任用聚斂之臣（按：任用聚斂之臣正是要與下爭利）。這是「明明德」理念在財政問題上的一個表現。也是儒家重「義利之辨」的一個發揮。

值得注意的是，「不以利爲利，以義爲利」一語，不啻是說，以義爲利，其利遠大於以利爲利。這一方面區分了價值上彼此對反的「義」與「利」的概念，並且所重在「義」；另一方面卻也在更基本更普遍以及中性的層面肯定一個「利」的概念和隨之而來的一種「求利」的心理需求，而從這個層面的「利」與「求利」來說明和加強「義」。這一點就不同於孔子、孟子，而跟荀子相近了。

先看孔子。孔子說：「君子喻於義，小人喻於利。」（〈里仁〉）又說：「見利思義。」（〈憲問〉）再看孟子。孟子說：「何必曰利？亦有仁義而已矣。」（〈梁

惠王上〉1）此外，當宋牼要用興兵作戰對國家「不利」的理由勸導秦國、楚國罷兵的時候，他也說「何必曰利？」（〈告子下〉4）這都是將義、利截然二分，從根本動機上直接反對談「利」的。然而荀子卻說：「國者，巨用之則大……巨用之者，先義而後利。」（〈王霸〉）又說：「義與利者，人之所兩有也。雖堯、舜不能去民之欲利，然而能使其欲利不克其好義也……故義勝利者為治世，利克義者為亂世。」（〈大略〉）這就基本上承認了利的必要。雖然以義為重，卻兼顧了義與利。〔註25〕從以上所述來看，〈大學〉「以義為利」的原則，當然是荀學一路了。

　　進一步看，〈大學〉關於「以義為利」的論述，也跟《荀子》一書的內容彼此呼應。首先，荀子說：

> 成侯、嗣公，聚斂計數之君也，未及取民也……筐篋已富，府庫已實，而百姓貧，夫是之謂上溢而下漏；入不可以守，出不可以戰，則傾覆滅亡可立而待也。故我聚之以亡，敵得之以彊。聚斂者，召寇、肥敵、亡國、危身之道也，故明君不蹈也。（〈王制〉）

如此強烈地對為政者的貪婪聚斂加以抨擊，跟〈大學〉引述「與其有聚斂之臣，寧有盜臣」的話，真有著同樣的痛切。然而這是《孟子》書中看不到的。荀子又說：

> 上重義則義克利，上重利則利克義。故天子不言多少，諸侯不言利害，大夫不言得喪，士不言通貨財；有國之君不息牛羊，錯質之臣不息雞豚，冢卿不脩幣，大夫不為場圃；從士以上皆羞利而不與民爭業，樂分施而恥積藏。然故民不困財，貧窶者有所竄其手。
>
> （〈大略〉）

這段話對為政者與下爭利的行為提出強烈的批評；尤其是它從負面一一列舉地提醒為政者說「天子不言多少，諸侯不言利害……有國之君不息牛羊，錯質之臣不息雞豚……」，這跟〈大學〉所引述孟獻子的話「畜馬乘，不察於雞豚；伐冰之家，不畜牛羊……」簡直是同一個理路。而這是《孟子》書中沒有明顯論及的。根據以上所論可以相信，〈大學〉「以義為利」的原則，應是從荀子思想來的。

〔註25〕以上論孔孟荀義利之辨，略參見葛榮晉：《中國哲學範疇史》（哈爾濱：黑龍江人民出版社，1987），頁 309～313。又，熊公哲也曾說荀子是「言義而不免雜之以利」，見《孔學發微》（台北：正中書局，1985 台初版），頁 155。

＊

　　從本節的討論我們發現，〈大學〉關於施政的幾個具體原則多半屬荀學性格；少數屬於儒家通義的項目，也在具體論述上跟《荀子》有明顯的呼應和交集。這跟〈大學〉在施政的基本理念上明顯屬於荀學性格的現象（見上節）是彼此一致的。連同上一節，我們可以確定，〈大學〉的政治論跟它的致知論、修養論一樣，基本上也都是荀子一路的思想。

第七章　結　論

　　民國十九年（1930）六月，馮友蘭在《燕京學報》第七期發表他的〈大學為荀學說〉。這篇篇幅不大但顛覆性十足的論文遭到後來許多學者的詰難、質疑，但至少已經把〈大學〉思想的研究推向一個新的階段了。如今，站在這場爭論所提供的基礎上，我把這個似乎已經被擱置、揚棄的半新半舊的題目擴大地重做了一次。底下我對前面各章做個總結，並依其結果做一個初步的、眺望的思考。

一、馮友蘭的「大學為荀學說」確定成立

　　本書以《禮記》裡的〈大學〉原文為依據，以重新探究的字詞涵義和重新判讀的文意脈絡為起點，拿孟子、荀子二人的思想作為參照對比的典範，從致知論、修養論、政治論三個方面將〈大學〉思想作了仔細的的分析和論證。我發現，經過這樣子還原地、對比地考察和詮釋之後，〈大學〉致知的方法、素材、目標與過程，修養工夫的性質、方式，以及施政的基本理念和具體原則，在內容上、措辭上多半具有荀學性格或荀學色彩，小部份屬於儒家通義的觀點也多半跟《荀子》一書有具體的關聯呼應，惟獨沒有單單符合孟子思想而悖於荀子思想的部分。也就是說，就我所已經討論過的部分（這儘夠作成論斷了）而言，〈大學〉的思想大致和荀子思想一一對應。

　　依我在第三章對孟、荀思想的比較來看，孟子、荀子思想各部分的差異是具有整體關聯性的。因此，〈大學〉思想與荀子思想之間如上所述的全面相似一一對應絕非偶然。可以肯定的是，雖然〈大學〉沒有直接提及「性惡」的觀點（事實上它是間接呈現了，這是我在本書各相關部分曾加以說明的），

它卻是十足的荀學性格下一篇成熟、精鍊的作品。總之，馮友蘭的「大學為荀學說」確定成立無誤！應該說，馮友蘭這個觀點的提出，是當代儒家經學史上的一件大事，值得喝采！

然而，如果答案、結論、真相真的是這樣，何以從宋元到明清，竟沒有人能想到這點，能儘早探問這個問題呢？這一點我來稍稍作個解釋。我們看〈大學〉的「新民」、「止於至善」、「知止」、「有定、能靜、能安」、「格物」、「致知」、「知至」、「誠意」、「正心」、「齊家」、「以義為利」等，都是上通荀子思想，消化荀子的語詞而後新創出來的洗鍊的術語（參見本書相關各章的討論）；〈大學〉作者在這一點上十足表現了他深厚的創造功力。不妨說，由於沒有直接宣說「性惡」的觀點，又在各個主要觀點上大量使用新創的語詞，使它在表面上驟然間看不出荀學的痕跡，而頗呈現了自己的新面貌。因著這一點，再加上宋代以來普遍尊孟抑荀，學者對荀子思想多半存著固定的成見，很少人會進一步開放地、帶著期盼地探究它或拿它來跟〈大學〉思想做對比的研究，於是兩者之間的關聯就無法被注意到了。這應該就是〈大學〉在宋代被解釋成孟學作品之後幾乎人人深信不疑的一個基本原因。

在確認〈大學〉為荀學而非孟學之後，底下，我要依此觀點，針對跟〈大學〉密切相關的兩個重要問題作一個初步的思考。

二、〈大學〉在思想史上的新定位

由於向來對〈大學〉思想的詮釋一直沒有定論（即使只在孟學範圍內詮釋也是這樣），連帶著過去對〈大學〉在思想史上的定位也是見仁見智沒有定論。現在，根據本書對〈大學〉思想的新詮釋，我嘗試為它作一個新的思想史的定位如下：

（一）〈大學〉是對荀子思想的概括、濃縮與提煉

如同前面所討論的，〈大學〉思想包括致知論、修養論、政治論三個面向，是一篇兼及內聖、外王兩面，包含廣闊而又精鍊縝密的作品；它各個面向的觀點大多源自荀子，而又都經過進一步的創造和提煉。可以說，它是荀子後學對荀子思想所作的一個全面的創造性的濃縮的結果。也就是說，它是直接從一個成熟思想大師的思想裡醞釀、提煉出來的結晶，這就難怪它能如此地精鍊醇實了。

我們來看《荀子・堯問》篇裡的一段話，這是〈堯問〉篇或該段話作者（一位不知名的荀子的後學）對荀子的一個高度的禮讚：

> 為說者曰：「孫卿不及孔子。」是不然。孫卿迫於亂世，鰌於嚴刑，上無賢主，下遇暴秦，禮義不行，教化不成，仁者絀約，天下冥冥，行全刺之（按：指德行美好卻遭譏諷），諸侯大傾。當是時也，知者不得慮，能者不得治，賢者不得使。故君上蔽而無睹，賢人距而不受。然則孫卿懷將聖之心，蒙佯狂之色，視天下以愚（按：「視」通示）……是其所以名聲不白，徒與不眾，光輝不博也。今之學者，得孫卿之遺言餘教，足以為天下法式表儀。所存者神，所過者化。觀其善行，孔子弗過。世不詳察，云非聖人，奈何！天下不治，孫卿不遇時也。德若堯禹，世少知之；方術不用，為人所疑；其知至明，循道正行，足以為紀綱。嗚呼！賢哉！宜為帝王。天下不知，善桀、紂，殺賢良……時世不同，譽何由生；不得為政，功安能成。志修德厚，孰謂不賢乎！

這段話對荀子其人其思想做了整體的概括與高度的肯定，從中我們彷彿可以感受到這位荀學門人熱切的感情與聲息。我們還可以看到，這段話中所蘊含的思想跟〈大學〉思想是如此具體地、一一地相互呼應：「為天下法式表儀」與〈大學〉的「明明德」、「威儀」、「民法之」相應；「所過者化」與〈大學〉的「新民」相應；「其知至明，循道正行…」與〈大學〉的先「知本」而後再「誠意、正心、修身（即正身）」相應；「宜為帝王」、「不得為政，功安能成」與〈大學〉「欲明明德於天下」的政治關懷傾向相應；而「方術」也與「絜矩（挈法）之道」相應。

以上述這位荀學門人的存在及其思想表現為例來看，倘若說，在荀子後學中，有人將荀子的思想做一個整體的概括、濃縮與提煉，寫出〈大學〉這樣的一篇文章來，那真的是非常有可能的。

（二）宋代以來的詮釋是〈大學〉思想的轉向與質變

自宋代程、朱表彰〈大學〉尊為一經以來，無數學者提出對〈大學〉（或者應說《大學》）的詮釋。不過，不論是程朱學派、陽明學派還是清代許多考據學學者，他們所據以詮釋的基本立場幾乎都是（或至少接近）孟子性善論一路的思維。其間雖有少數例外如清初陳確，他說：〔註1〕

〔註 1〕陳確：《陳確集》（台北：漢京文化事業公司影印點校本，1984），冊二，頁557。
另參見詹海雲：《陳乾初大學辨研究》（台北：明文書局，1986）。

> 蓋〈大學〉言知不言行，必爲禪學無疑。雖曰親民，曰齊、治、平，若且內外交脩者，並是裝排不根之言。其精思所注，只在「致知」、「知止」等字，竟是空寂之學。《書》有之：「知之非艱，行之惟艱。」〈大學〉之意，若曰「行之非艱，知之惟艱。」玩「知止」四節文氣，不其然乎？聖學之不明，必由於此。故〈大學〉廢則聖道自明，〈大學〉行則聖道不明，關係儒教甚鉅……

但這卻是從禪學來詮釋〈大學〉，認爲〈大學〉根本不是儒家作品了。可以說，宋代以後，〈大學〉已經從荀學變成了孟學或甚至被看作禪學的論著了，這是〈大學〉思想的大幅轉向與根本質變（主要是朝孟學轉向、變成孟學）。

必須說明的是，我這裡所謂的大幅轉向（朝孟學轉向）與根本質變，純粹是從〈大學〉本義的立場上所作的描述。若換個角度看，我們也可以說，宋明儒對〈大學〉思想的理解是從孟學立場對〈大學〉思想所作的一個創造性的詮釋。

不管怎樣，〈大學〉思想原義和宋明儒的詮釋是兩個彼此相關而彼此不同的東西，各有其獨立的思想體系和不同的面貌。我們必須先辨明兩者的差異，然後分別研究分別看待。

三、對傳統「四書學」的一個反思

〈大學〉成爲《四書》之一，作爲儒家的「初學入德之門」（程頤語），這已經是朱子以後元、明以來讀書人所普遍認知、認定的事實。所以，今天我們對〈大學〉的種種詮釋、思考，當然就跟「四書學」息息相關了。

在朱子心目中，《四書》是孔、曾、思、孟四子的的著作（所以又稱作「四子書」）。清代以來，若干學者雖然將〈大學〉、〈中庸〉的撰著年代往下拉，但也多半把《四書》看作孔子、孟子以及戰國秦漢間兩位不知名孟學學者的作品。總之，依當代儒學圈、學術界一般的看法，《四書》整個都是儒家的孟學也就是孔孟之學一系的著作，思想上是彼此相通融貫爲一的。

然而，依照本書研究的結論，原來，《四書》分別是孔子、孟子、孟子後學（〈中庸〉〔註2〕）以及荀子後學（〈大學〉）的著作；原來，在孔子以及孟

〔註2〕 【2015補註】本書初稿（1992）隨順傳統舊說，把〈中庸〉歸爲孟學。但這個觀點有誤，〈中庸〉其實也屬於荀學一路。參見劉又銘：〈中庸思想：荀學進路的詮釋〉，中國人民大學《國學學刊》總15期（2012年第3期），頁79～88。

學一系的著作之外，它又包括了荀學一系的著作，總共兩個路線的思想，而不是彼此相通一致可以融貫爲一的一個整體。也就是說，朱子以來積累深厚影響久遠的所謂「四書學」，居然某個程度只是孟學一系學者的「哲學想像」。

如今，當這個根深柢固的龐大的「四書學」傳統，其背後「哲學想像」的眞相終於呈現，我們要怎樣重新面對《四書》？是要珍惜它原有的影響力與教化功能，繼續沿用朱子的形式安排和思想詮釋，按照朱子初衷傳揚講讀下去呢？還是要承認其中孟、荀兩路並存的事實，乾脆以一個新的「孟、荀並建」的精神，兼顧〈大學〉的本義和新說，來接受一個包含孟、荀兩路在內的（新的內涵的）《四書》；甚至再補上《荀子》，變成一部整整齊齊地包括孔子、孟子、荀子、孟子後學、荀子後學等五人所撰的五部著作的合輯——《五書》——呢？〔註3〕

顯然，關於這個問題，不同的立場與價值觀就會有各自不同的答案。但這已經溢出本書的論題了，就留給今後的學者們去思考吧！或許，在西潮衝擊之後的這個時代，在儒家的地位、影響力已經大不如前的今天，整個社會將會用完全不同的思維來看待這件事情，會提出我們所不曾設想到的方案也說不定呢！

結　語

如果本書關於〈大學〉思想及其荀學性格的論證可以成立，那麼〈大學〉就實在是中國哲學史、儒家經學史上一篇際遇極爲特殊的文字了。它出自荀子後學之手，屬於荀學文獻，到後來卻在尊孟抑荀的時代由孟學學者出面認領，將它整理、詮釋、表彰爲孟學（此指孔孟之學）的核心經典，將它發展爲一門龐大深廣的學問，跟許多大哲（包括十足孟學性格的王陽明）的深層困惑與思想體系緊緊連結在一起。這樣的現象是否意味著宋代以來的思想界其實沒有眞正離開過荀學呢？這樣的現象是否將會成爲儒家經學史上一個新的研究論題呢？總之這裡面一定隱藏著什麼樣的訊息，就等著我們開始去思考和發掘了！

〔註3〕　【2015補註】當然，如果同意〈中庸〉也是荀學的話，那麼關於這個問題的思考也會跟著不太一樣。

參考書目

一、〈大學〉注釋、研究專書

1. 宋・黎立武：《大學發微》，學海類編本。收入《大學彙函》，中國子學名著集成編印基金會。

2. 宋・───：《大學本旨》，學海類編本。收入《大學彙函》。

3. 明・王守仁：《大學古本問》，百陵學山本。收入《大學彙函》。

4. 明・───：《大學古本旁釋》，百陵學山本。收入《大學彙函》。

5. 清・李光地：《大學舊本私記》，舊鈔本。收入《大學彙函》。

6. 明・劉斯原：《大學古今本通考》，中國子學名著集成編印基金會影印明萬曆間刊本。

7. 清・李光地：《大學古本說》（此書似爲《大學舊本私記》的修訂本，收入《榕村四書說》），《景印文淵閣四庫全書》，冊 210，台北：台灣商務印書館。

8. 清・毛奇齡：《大學證文》，《景印文淵閣四庫全書》，冊 210。

9. 清・李塨：《大學辨業》，《畿輔叢書》本，《叢書集成新編》，冊 17，台北：新文豐出版公司。

10. 清・楊亶驊：《古本大學輯解》，《畿輔叢書》本，《叢書集成新編》，冊 17，台北：新文豐出版公司。

11. 謝叔元：《大學述義備商》，謝氏門人吳瀚香港影印本，1968 年。

12. 陳槃：《大學中庸今釋》，台北：正中書局，1984 年初版 12 刷。

13. 趙澤厚：《大學研究》，台北：台灣中華書局，1972 年。

14. 王大千：《大學正簡》（後改名《改本大學釋義》），台北：台灣師範大學國文研究所碩士論文（魯實先指導），1974 年。

15. 吳康等著，中華民國孔孟學會主編：《學庸研究論集》，台北：黎明文化事業公司，1981 年。

16. 高雄師範大學國文系編輯委員會：《大學論文資料彙編》，高雄：復文書局，1981 年。

17. 胡志奎：《學庸辨證》，台北：聯經出版公司，1984 年。

18. 嚴靈峰：《大學章句新編》，台北：帕米爾書店，1984 年。

19. 岑溢成：《大學義理疏解》，台北：鵝湖出版社，1985 年修訂再版。

20. 詹海雲：《陳乾初大學辨研究》，台北：明文書局，1986 年。

21. 伍庸伯、嚴立三著，梁漱溟著編：《禮記大學篇伍嚴兩家解說》，巴蜀書社，1988 年。

22. 李紀祥：《兩宋以來大學改本之研究》，台北：台灣學生書局，1988 年。

23. （日）安井衡：《大學說》，收入《漢文大系》，台北：新文豐出版公司，1978 年影。

二、經部專著

1. 徐復觀：《中國經學史的基礎》，台北：台灣學生書局，1982 年。

2. 李威熊：《中國經學發展史論（上）》，台北：文史哲出版社，1988 年。

3. 《周易注疏》，新文豐出版公司影印阮刻十三經注疏本。

4. 《毛詩注疏》，新文豐出版公司影印阮刻十三經注疏本。

5. 《尚書注疏》，新文豐出版公司影印阮刻十三經注疏本。

6. 屈萬里：《尚書集釋》，台北：聯經出版公司，1983 年。

7. 《禮記注疏》，新文豐出版公司影印阮刻十三經注疏本。

8. 清·抉經心室主人編：《清儒禮記彙解》，台北：鼎文書局，1972 年。

9. 王夢鷗：《禮記今註今譯》，台北：台灣商務印書館，1980 年七版。

10. 清·莊有可：《禮記集說》，台灣力行書局影清嘉慶九年刻本。

11. 清·王聘珍：《大戴禮記解詁》，台北：漢京文化事業公司，1987 年。

12. 高明：《禮學新探》，台北：台灣學生書局，1978 年三版。

13. 閆隆庭：《大小戴記與荀子關係之探索》，台北：政治大學中國文學研究所碩士論文（韋日春指導），1976 年。

14. 《左傳注疏》，新文豐出版公司影印阮刻十三經注疏本。

15. 宋·朱熹：《四書章句集注》，台北：鵝湖出版社，1984 年影印點校本。

16. 宋·趙順孫：《四書纂疏》，新興書局影印民 33～36 復性書院刻本，1972 年。

17. 明・鹿善繼：《四書說約》，《叢書集成新編》，冊 33，台北：新文豐出版公司。

18. 清・孫奇逢：《四書近旨》，《景印文淵閣四庫全書》，冊 208，台北：台灣商務印書館。

19. 清・毛奇齡：《四書賸言》，《景印文淵閣四庫全書》，冊 210，台北：台灣商務印書館。

20. 清・楊名時：《四書箚記》，《景印文淵閣四庫全書》，冊 210，台北：台灣商務印書館。

21. （日）內野台嶺，鄭明東譯述：《四書通論》，台北：正中書局，1985 年初版 3 刷。

22. 楊伯峻：《論語譯注》，台北：河洛圖書出版社，1978 年台初版。

23. ———：《孟子譯注》，台北：河洛圖書出版社，1978 年台初版。

24. 吳怡：《中庸誠的哲學》，台北：東大圖書公司，1986 年三版。

三、子部專著

1. 熊公哲：《孔學發微》卷上、下，台北：正中書局，1985 年。

2. 蔡仁厚：《孔孟荀哲學》，台北：台灣學生書局，1984 年。

3. 魏元珪：《孟荀道德哲學》，台北：谷風出版社，1987 年。

4. 黃俊傑：《孟學思想史論（卷一）》，台北：東大圖書公司，1991 年。

5. 清・王先謙：《荀子集解》，《無求備齋荀子集成》，冊 23，台北：成文出版社影印 1936 上海世界書局諸子集成本。

6. 北大哲學系校注：《荀子新注》，台北：里仁書局，1983 年。

7. 李滌生：《荀子集釋》，台北：台灣學生書局，1986 年初版 4 刷。

8. 熊公哲：《荀卿學案》，台北：台灣商務印書館，1967 年台一版。

9. 牟宗三：《荀學大略》，未著出版地，1953 年。

10. 韋政通：《荀子與古代哲學》，台北：台灣商務印書館，1985 年八版。

11. 魏元珪：《荀子哲學思想》，台北：谷風出版社，1987 年。

12. 蔡錦昌：《從中國古代思考方式論較荀子思想之本色》，台北：唐山出版社，1989 年。

13. 陳啓天：《增訂韓非子校釋》，台北：台灣商務印書館，1985 年五版。

14. 陳奇猷：《呂氏春秋校釋》，台北：華正書局，1985 年。

15. 漢・賈誼：《新書》，台北：世界書局，1975 年三版。

16. 賴炎元註譯：《春秋繁露今註今譯》，台北：台灣商務印書館，1987 年二版。

17. 宋・朱熹：《朱子語類》，新校標點本，台北：華世出版社，1987 年台一版。

18. 明・王守仁：《王文成公全書》，台北：台灣商務印書館四部叢刊本。

19. 陳榮捷：《王陽明傳習錄詳註集評》，台北：台灣學生書局，1983 年。

20. 清・陳確：《陳確集》，台北：漢京文化事業公司，1984 年影。

四、思想與哲學專著

1. 唐君毅：《中國哲學原論：導論篇》，台北：台灣學生書局，1980 年台四版。

2. ───：《中國哲學原論：原道篇（卷一）》，台北：台灣學生書局，1978年台再版。

3. ───：《中國哲學原論：原道篇（卷二）》，台北：台灣學生書局，1980年台三版。

4. 牟宗三：《心體與性體》，台北：正中書局，1984～1985 年台初版 6 刷。

5. 黃俊傑：《春秋戰國時代尚賢政治的理論與實際》，台北：問學出版社，1977 年。

6. 張舜徽：《周秦道論發微》，台北：木鐸出版社，1983 年。

7. 周群振：《儒學探源》，台北：鵝湖出版社，1986 年修訂再版。

8. 蒙培元：《中國心性論》，台北：台灣學生書局，1980 年。

五、思想史與哲學史專著

1. 胡適：《中國古代哲學史》，台北：遠流出版事業公司，1986 年二版。

2. 李澤厚：《中國古代思想史論》，台北：谷風出版社，1986 年。

3. 馮友蘭：《中國哲學史》，未著出版地。

4. 予同（張岱年）：《中國哲學問題史》，台北：彙文堂出版社，1987 年影1937 年刊本。

5. 徐復觀：《中國人性論史：先秦篇》，台北：台灣商務印書館，1978 年四版。

6. 勞思光：《新編中國哲學史（二）》，台北：三民書局，1991 年增訂六版。

7. 羅光：《中國哲學思想史：先秦篇》，台北：台灣學生書局，1987 年增訂重版 2 刷。

8. 韋政通：《中國思想史》，台北：水牛出版社，1988 年八版。

9. 王邦雄等：《中國哲學家與哲學專題》，台北：國立空中大學，1989 年。

10. 葛榮晉：《中國哲學範疇史》，哈爾濱：黑龍江人民出版社，1987 年。

11. 梁啓超：《先秦政治思想史》，台北：台灣中華書局，1984年台十一版。

12. 蕭公權：《中國政治思想史》，台北：聯經出版公司，1982年。

13. 薩孟武：《儒家政論衍義——先秦儒家政治思想的體系及其演變》，台北：東大圖書公司，1982年。

六、史部及其他專著

1. 《國語》，嶄新校注本：台北：里仁書局，1981年。

2. 《帛書戰國策》，台北：河洛出版社，1977年排印初版。

3. 《漢書》，台北：史學出版社影印新校標點本，1974年。

4. 宋・林之奇：《拙齋文集》，《景印文淵閣四庫全書》，冊1140，台北：台灣商務印書館。

5. 清・何焯：《義門讀書記》，京都：中文出版社，1982年影印清乾隆間刻本。

6. 清・陳澧：《東塾讀書記》，台北：台灣中華書局四部備要本，1966年台一版。

7. 屈萬里：《先秦文史資料考辨》，台北：聯經出版公司，1983年。

七、論文集論文

1. 戴君仁：〈荀子與大學中庸〉，《梅園論學集》（台北：台灣開明書店，1970）年，頁223～238。

2. ———：〈荀學與宋儒〉，同上書，頁411～420。

3. ———：〈荀學與宋代道學之儒〉，《梅園論學續集》（台北：藝文印書館，1974年），頁272～301。

4. 林耀曾：〈六十年來之大學中庸〉，《六十年來之國學》（台北：正中書局，1975年台二版），第一冊，頁705～744。

5. 錢穆：〈大學格物新釋〉，《中國學術思想史論叢（二）》（台北：東大圖書公司，1977），頁341～355。

6. ———：〈推止篇〉，同上書，頁425～473。

7. ———：〈中國古代散文——從西周到戰國〉，同上書，頁569～572。

8. 唐端正，〈荀子善偽論所展示的知識問題〉，《先秦諸子論叢》（台北：東大圖書公司，1985年再版），頁171～192。

9. ———：〈先秦儒學中之政治思想〉，《先秦諸子論叢（續編）》（台北：東大圖書公司，1983），頁1～45。

10. ———：〈荀學述要〉，同上書，頁155～176。

11. 韋政通:〈荀學在思想史上的地位及其影響——兼論荀學在近代的復興〉,《儒家與現代中國》(台北:東大圖書公司,1984 年),頁 45〜74。

12. 成中英:〈戰國儒家與孟子思想體系〉,《中國哲學與中國文化》(台北:三民書局,1985 年三版),頁 83〜135。

13. 徐復觀:〈孟子政治思想的基本結構及人治與法治的問題〉,《儒家政治思想與民主自由人權》(台北:台灣學生書局,1988 年初版),頁 121〜132。

14. ──:〈荀子政治思想的解析〉,同上書,頁 133〜155。

15. 蔣年豐:〈荀子「隆禮義而殺詩書」涵義之重探——從「克明克類」的世界著眼〉,《第一屆中國思想史研討會論文集——先秦儒法道思想之交融及其影響》(台中:東海大學文學院,1989 年),頁 123〜143。

16. 項退結:〈荀子在中國哲學史中的地位及其現代意義〉,《中國人的路》(台北:東大圖書公司,1988 年),頁 3〜52。

17. ──:〈心術與心主之間——儒家道德哲學的心理層面〉,同上書,頁 53〜84。

18. ──:〈孟荀人性論之形上學背景〉,收入台大哲學系主編《中國人性論》(台北:東大圖書公司,1990 年),頁 59〜73。

19. ──:〈基於孟荀人性論之實際可行的道德觀〉,《中國哲學之路》(台北:東大圖書公司,1991 年),頁 231〜251。

20. 鄔昆如:〈性善性惡的反省與檢討——漢儒的人性論〉,收入台大哲學系主編《中國人性論》(台北:東大圖書公司,1990 年),頁 159〜174。

21. (日)武內義雄:〈大學篇成立年代考〉,收入江俠菴編譯《先秦經籍考》(台北:河洛出版社,1975 台景印初版),中冊,頁 99〜105。

八、期刊論文

1. 馮友蘭:〈大學為荀學說〉,《燕京學報》7,1930 年 6 月;收入《古史辨》第四冊。

2. 王夢鷗:〈禮記思想體系試探〉,《國立政治大學學報》4,1961 年 12 月。

3. 賴明德:〈孟荀學說比較研究〉,《孔孟月刊》第 4 卷 1、4、5 期,1965 年 9、12 月暨 1966 年 1 月。

4. 周畊莘:〈古本大學試釋〉,香港:《人生》第 32 卷 7、8 期、11 期,1967 年 12 月、1968 年 3 月。

5. 勞榦:〈大學出於孟學說〉,《中央研究院歷史語言研究所集刊》38,1968 年 1 月。

6. 陳槃:〈「大學出於孟學說」初稿後案〉,《中央研究院歷史語言所集刊》38,1968 年 1 月。

7. 錢穆：〈四書義理之展演〉，《孔孟學報》17，1969 年 4 月。

8. 黃振民：〈大學虛字用法之研究〉，《孔孟學報》18，1969 年 9 月。

9. 陳大齊：〈孟荀二子所見人的特長與其中心主張〉，《孔孟學報》21，1971 年 4 月。

10. 趙海金：〈學庸釋詞補遺〉，《中國國學》1，1972 年 12 月。

11. 龐景隆：〈談齊家治國之「家」〉，《孔孟月刊》第 11 卷 10 期，1973 年 6 月。

12. 傅武光：〈四書學考〉，《國立台灣師範大學國文研究所集刊》18，1974 年 6 月。

13. 顏崑陽：〈孟子性善論與政治思想的關係〉，《孔孟月刊》第 14 卷 3 期，1975 年 11 月。

14. 譚慕蘭：〈儒學辨析——孔孟荀思想之比較研究〉，《台北師專學報》4，1975 年 12 月。

15. 黃淑意：〈孟荀同異析論〉，《中國國學》7，1979 年 9 月。

16. 黎建寰：〈大學表解〉，台灣師範大學《國文學報》9，1980 年 6 月。

17. 吳金娥：〈大學知至、意誠二目之承遞關係研究〉，台灣師範大學《國文學報》10，1981 年 6 月。

18. 胡美琦：〈孟子性善論荀子性惡論之比較探討〉，《故宮季刊》第 16 卷 3 期，1982 年春季號。

19. 毛子水：〈「致知在格物」：一句經文說解的略史〉，《輔仁學誌——文學院之部》11，1982 年 6 月。

20. 唐端正：〈荀學價值根源問題的探討〉，《中華民國哲學會哲學年刊》3，1985 年 6 月。

21. 傅武光：〈呂氏春秋與儒家之關係〉，《中國學術年刊》7，1985 年 6 月。

22. 董俊彥：〈從思想看大學成篇最早必在孟子之後〉，台灣師範大學《國文學報》14，1985 年 6 月。

23. 張起鈞：〈「大學」中的政治思想〉，《中華文化復興月刊》第 18 卷 8 期，1985 年 8 月。

24. 葉國良：〈介紹宋儒林之奇的大學改本〉，《幼獅學誌》第 18 卷 4 期，1985 年 10 月。

25. 高柏園：〈孟子政治哲學之開展與集成〉，《鵝湖月刊》第 14 卷 4 期，1988 年 10 月。

26. 張亨：〈荀子的禮法思想試論〉，《台大中文學報》2，1988 年 11 月。

27. 李振興：〈先秦典籍引經輯略〉，政治大學中國文學研究所《中華學苑》38，1989 年 4 月。

28. 莊萬壽：〈大學、中庸與儒家、黃老關係之初探〉，台灣師範大學《國文學報》18，1989 年 6 月。

29. 黃俊傑：〈荀子非孟的思想史背景〉，《國立台灣大學歷史學系學報》15，1990 年。

30. 鄔昆如：〈先秦儒家哲學的方法演變〉，《台大哲學論評》14，1991 年 1 月。

31. 林義正：〈論先秦儒道兩家的哲學方法〉，《台大哲學論評》14，1991 年 1 月。